LA REPRISE

Thi Nhu An Pham

LA REPRISE

Le tabou de la condition des femmes après le congé maternité

PAYOT

Retrouvez l'ensemble des parutions
des Éditions Payot & Rivages sur

payot-rivages.fr

À mes parents.
À Élie, Avishai et Isaïe.
Et à toutes les femmes qui ont vécu une reprise tourmentée : vous êtes légitimes, vos ressentis comme vos difficultés sont légitimes.

L'histoire des droits des femmes et de leur absence de droits est une histoire de silence et de silence que l'on brise.

Rebecca Solnit[1]

Mes silences ne m'ont pas protégée. Votre silence ne vous protégera pas. Mais à chaque mot vrai prononcé, à chaque tentative de parler de ces vérités dont je suis toujours en quête, j'ai rencontré d'autres femmes et nous avons examiné les mots qui correspondraient à un monde auquel nous pourrions toutes croire, et nous avons comblé les vides entre nos différences. C'est la sollicitude et l'attention de toutes ces femmes qui m'ont donné la force.

Audre Lorde[2]

INTRODUCTION

Depuis hier c'est la reprise et je suis au bord de l'implosion.

Message posté sur un groupe Facebook dédié à la maternité

Le 18 mars 2021, j'ai ouvert le compte Instagram *La Reprise*, qui allait promouvoir le podcast du même nom. Je l'ai créé parce que, après la naissance de mon deuxième enfant, la fin de mon congé maternité et les mois qui ont suivi ont été les moments les plus difficiles de ma maternité, sans que personne ne m'y ait préparée. L'inégalité de départ est ontologique : nous portons les enfants puis les mettons au monde. Elle pourrait cependant être une donnée en soi, sans porter préjudice à nos vies économiques. Et pourtant, elle est le creuset des inégalités, sur tous les plans, par la grâce de l'inégalité de durée entre le congé des mères et ceux des pères[3].

Chaque année en France, des centaines de milliers de femmes[4] donnent naissance à des enfants, puis retournent au travail au terme de leur congé maternité ou parental. Mon podcast et ma communauté Instagram m'ont amenée à recevoir des centaines de témoignages qui, tous, mettent en évidence le fait que la reprise est un impensé sur les lieux de travail et à l'échelle de la société. Qu'elles aient envie de reprendre ou pas, qu'elles reprennent à la fin de leur congé maternité ou après un congé parental, les femmes sont rarement préparées à ce qu'elles vont traverser, même lorsqu'elles ont déjà fait l'expérience d'une première reprise… La découverte de tous les défis à relever peut être aussi déstabilisante qu'angoissante.

Je fais partie de celles pour qui la maternité s'est accompagnée d'une prise de conscience féministe majeure, aussi déstabilisante que salvatrice : parce qu'ouvrir les yeux sur la réalité des inégalités de genre lorsqu'on croyait naïvement que c'était du passé, c'est violent ; et en même temps, s'apercevoir que le problème est systémique et pas individuel permet de mieux décoder les bouleversements traversés, d'en comprendre les enjeux pour mieux identifier les solutions… et de déculpabiliser d'autant.

Ce livre en est la suite logique, et se propose de lever un tabou majeur qui continue de créer des failles au sein de vies professionnelles sans histoires, et qui demande sans attendre un éveil des consciences. À l'heure où l'opinion découvre – enfin – le mal-être des femmes en post-partum[5], il devient urgent de comprendre, dans le détail, ce qui pèse sur les nouvelles mères à leur reprise. Et les conditions parfois catastrophiques de cette reprise peuvent être sinon la cause première, du moins un facteur aggravant de dépression ou de burn-out.

Comprendre ce qui se joue au moment de cette période si particulière est une question de santé publique autant qu'un enjeu de justice sociale, car la reprise est aussi un creuset d'inégalités et d'indignations.

Inégalités femmes/hommes en premier lieu, mais aussi inégalités de classe, de statut familial, de statut professionnel et de race, car le prix de la reprise est toujours plus fort pour celles qui sortent de la norme sociale du couple hétéronormé blanc et salarié.

Des inégalités qui se mesurent à l'aune du temps de travail domestique non rémunéré, comme de l'impact de la maternité sur la carrière et les revenus des femmes, en particulier au regard des discriminations bien trop fréquentes qu'elles subissent de retour au travail.

Ainsi, pour beaucoup de femmes, la reprise se résume souvent à un lapidaire « travailler plus pour gagner moins ». Malgré ce constat, et par la grâce d'un tabou bien enraciné, les études sont rares, et bien souvent très incomplètes, sur cette période et sur ses conséquences à tous les niveaux.

Que cette reprise ait lieu après un congé maternité ou un congé parental, à temps complet ou à temps partiel, elle n'est aujourd'hui que rarement questionnée. Faites le test autour de vous : demandez aux mères que vous connaissez si quelqu'un s'est déjà intéressé à leur reprise… Je mets ma main à couper que, hormis un vague et rhétorique « Tout s'est bien passé ? » n'appelant pas de réponse complète, elles n'ont eu droit qu'à peu d'égards à ce moment-là.

Alors que la société considère ce moment comme un simple « retour à la normale » ne méritant pas de s'y attarder, force est de constater que la réalité est tout autre : il s'agit pour les mères d'endosser diverses identités que la société s'efforce de rendre incompatibles (la « maman » et la professionnelle), de faire entrer deux journées en une, si bien que beaucoup de femmes le vivent, elles, comme une onde de choc qui vient les bousculer dans toutes les sphères de leur vie : intime, familiale, organisationnelle, économique et professionnelle.

Au mieux leur a-t-on demandé : « Pas trop dur de laisser ton bébé ? », car c'est l'unique difficulté que la société concède aux mères qui reprennent, réduisant ce sujet au seul prisme de la dyade mère-enfant... Le tout sans jamais considérer la complexité de cette période de transition pleine de turbulences et de remises en question à tous les niveaux.

Précisons que, si le congé maternité post-accouchement est légalement de 2,5 mois (hors grossesse multiple et jusqu'au deuxième enfant), dans les faits, d'après l'Unaf (Union nationale des associations familiales), il dure en moyenne 6 mois[6]. Cette durée allongée peut s'expliquer de plusieurs manières qui ne s'excluent pas les unes des autres : l'explication la plus simple (car très raccord avec le récit d'une maternité fusionnelle) est la difficulté de se séparer si tôt de son minuscule et encore très fragile bébé ; une autre explication (politique, elle) réside dans la pénurie de modes de garde, qui rend impossible le retour au travail à moins d'avoir des parents retraités et disponibles à proximité de chez soi. Cette transition commence ainsi dans les dernières semaines du congé maternité ou parental et s'achève des semaines, voire des mois, après. Je peux l'attester puisque ma première reprise a duré 6 mois : 6 mois durant lesquels j'ai eu cette impression bizarre de

« flotter » au travail sans pour autant vivre pleinement ma parentalité. Je ne suis pas la seule dans ce cas : 22 % des femmes issues de ma classe sociale et vivant en couple[7] ont eu besoin d'au moins 6 mois pour se sentir « pleinement de retour au travail » ; 8 % déclarent même ne s'être jamais senties de retour…

Si les contours temporels de la période de reprise sont flous, c'est bien sûr qu'ils sont liés au contexte de chacune : au temps qu'il faut pour trouver l'organisation et le rythme adéquats pour concilier ses contraintes pros et persos, et à un processus de réappropriation identitaire qui va bien au-delà d'un simple retour au travail. C'est aussi, et surtout, que cette période n'est pas reconnue à l'échelle de la société et des RH, qui semblent – l'air de rien – considérer que cette question est une affaire privée, « de femmes », donc mineure. Le temps de difficultés professionnelles et personnelles peut dès lors s'étirer ou se raccourcir, personne ne s'en souciera : c'est à la femme d'assumer les conséquences de ses choix.

Or ce retour à la vie professionnelle est une étape de transition fondamentale pour les nouvelles mères, les menant vers des questionnements existentiels : « Qui suis-je quand je ne suis pas mère ? Qui suis-je au-delà d'être mère ? » Des questionnements difficilement anticipables (et ce, d'autant moins que cette période est taboue), et dont les réponses ne sont pas si évidentes après des mois de vase (presque) clos avec leur bébé.

En somme, la reprise représente pour les nouvelles mères une phase de reconstruction de leur identité sociale dans un espace public et professionnel dont elles n'ont plus forcément les codes… et qui ne les accueille pas forcément à bras ouverts. Qu'elles soient professionnelles, identitaires ou familiales, les perturbations liées à cette période sont à vivre en silence.

Il est temps de parler des difficultés des mères qui reprennent le travail.

Il est temps de montrer combien les défis comme les injonctions qui pèsent sur leurs épaules au moment de la reprise les fragilisent, au sein de leur famille comme dans leur environnement professionnel.

Ce livre a pour vocation de lever le voile sur cet impensé de la maternité et de la carrière des femmes, et de dénoncer les injonctions, les inégalités et les discriminations qui caractérisent cette période.

L'enjeu est multiple : individuel et collectif, intime et politique.

Au niveau individuel, rendre visible la réalité des vécus et des difficultés de la reprise relève d'une exigence de vérité et de représentations.

C'est par là que nous puisons dans un référentiel, dans nos imaginaires, et en agissant à cet endroit, nous sommes en mesure de combattre l'isolement et la culpabilité que le tabou régnant sur cette période entraîne aujourd'hui.

Cette levée de l'invisibilité est indispensable pour faire prendre conscience aux femmes que la défaillance n'est pas de leur côté, mais du côté du système : « Si on est tant à vivre les mêmes difficultés, alors le problème ne vient pas de moi. »

Au niveau collectif, dénoncer les inégalités et les discriminations qui s'opèrent en la défaveur des mères permet à tous et à toutes, citoyen·ne·s comme professionnel·le·s, de prendre conscience des injonctions et des biais de perception qui polluent notre représentation de la maternité et de la vie des mères actives, pour changer les mentalités.

Ce sujet est sociétal, économique et politique, et doit être compris comme tel par le système, l'opinion publique et le monde du travail lui-même, dont la responsabilité ici est majeure.

Mettre à plat tous les défis de la reprise rend justice à toutes celles qui ont enduré sans broncher jusqu'à présent, pour qui cette période a été un rouleau compresseur, qui y ont laissé toute leur énergie sans bien comprendre pourquoi, n'ayant pas encore conscientisé tout ce qu'elles ont dû affronter.

PREMIÈRE PARTIE

Le grand chamboulement

La reprise est une période très importante.

C'est une période de transition qui accompagnera le chamboulement du devenir parent. Et c'est presque à part entière aussi un autre chamboulement dans ce chamboulement du devenir parent[1].

Mathilde Bouychou, psychologue clinicienne et psychothérapeuthe spécialisée en périnatalité

Lorsque des femmes se confient à moi sur leur reprise, je suis toujours fascinée par la singularité de leurs récits autant que par leur universalité. Si chaque reprise est unique parce qu'elle touche à l'intimité, au contexte et aux envies de chacune, toutes les reprises partagent des traits communs dans l'intensité, les questionnements et l'inconfort dans lesquels elles plongent les nouvelles mères.

La reprise est par nature une phase de transition entre deux mondes radicalement séparés durant le congé maternité : la famille, qui vient tout juste de se construire autour d'une naissance, et la sphère professionnelle.

Cette transition de l'état de mère assignée au foyer à celui de mère active ne peut se faire, de toute évidence, en un claquement de doigts. Tout a été bouleversé par la naissance, par la projection directe dans une identité maternelle cristallisant des siècles de représentations et d'injonctions à la douceur, à l'évidence, à l'instinct, au sacrifice de soi, à l'amour immédiat. Bref, d'un coup, on a été catapultée dans une identité relativement peu compatible avec celle que l'on avait avant – à base d'amitiés, de convivialité, parfois d'excès, d'insouciance, mais aussi d'ambition personnelle, professionnelle, militante et (ô folie) de sexualité.

Toute cette nouveauté radicale est à tisser, et tout est à faire dans la durée car, de manière immédiate, la maternité et la vie d'avant sont plus ou moins comparables à l'eau et à l'huile. Il faut beaucoup prendre sur soi, oublier qui on a été pour laisser la place à une nouvelle dimension de soi, oublier ses besoins corporels (manger, dormir et se doucher relevant désormais d'un luxe inestimable), sa douleur (endurer mastites et engelures des mamelons pour tenter d'assurer un allaitement premium à son enfant par exemple) et même une partie de ses émotions (car le lien avec l'enfant peut être plus long à nouer que ce que les stéréotypes répandus promettent).

Tout cela représente une pression énorme, d'autant qu'on est attendue au tournant : ce ne sont pas les coparents qui sont investis de cette mission identitaire, mais soi uniquement. Non, eux ont le droit d'être parents, professionnels, d'avoir des potes avec qui boire une bière rapido après le boulot. Bien souvent, les maternités les renvoient dormir chez eux, démontrant dès les premières heures de l'enfant que leur rôle est quelque part accessoire[2]. La mère, elle, ne doit être QUE mère et n'est pas vraiment libre de la manière dont elle souhaite le devenir. D'ailleurs, elle est appelée « maman » par la plupart des soignant·e·s à la maternité, un patronyme que l'ensemble de la société, y compris au boulot, se permettra de lui donner : fini l'état civil, fini le nom de famille et la crédibilité sociale, place au sacro-saint statut de « maman » – hashtag dévouée.

Pourtant, après quelques semaines, la voilà à nouveau ballottée vers une autre injonction, tout aussi impérative que la première : zapper tout ce qu'elle a vécu depuis sa fin de grossesse pour retrouver ses dossiers et ses tâches comme si de rien n'était.

Outre la densité des mois qui se sont écoulés durant cette « pause », avec un environnement professionnel qui a sûrement évolué entre-temps et, surtout, un contexte personnel et familial qui n'est plus du tout le même, il ne peut s'agir d'un retour à « l'avant », puisque la situation ne sera jamais plus « comme avant ».

Les nouvelles mères passent ainsi toutes par les mêmes défis et les mêmes phases de tâtonnements, pas forcément au même moment ni en traversant les mêmes difficultés, mais toutes avec le même enjeu : réussir leur réintégration professionnelle tout en trouvant l'articulation des temps pros/persos qui conviendra à leur nouvelle famille.

Un chamboulement physique

Pour commencer, plantons le décor : dans quel contexte se fait cette reprise du travail ? Celui d'un retour de « congé » d'où l'on revient fraîche, bronzée et reposée ? Non, absolument pas. Quiconque, homme ou femme, a passé du temps à s'occuper d'un nourrisson sait que cela est épuisant, tant les besoins d'un bébé sont énergivores.

Si légalement il fait référence au droit de s'absenter de son travail, le terme « congé » qui désigne les arrêts post-naissance est, dans l'inconscient collectif, lié à des vacances, à des gazouillis mignons, à quelques changements de couches tout au plus. Nier ainsi la réalité du congé, sa solitude et ses difficultés en en faisant un moment de pur loisir constitue, je crois, l'une des pires injures que l'on puisse faire à quelqu'un qui en connaît la vraie nature.

Dans le cas de la reprise après un « congé » maternité, la fatigue et les bouleversements du corps en post-partum mettent les femmes dans un état physique et psychique très particulier qui ne peut être balayé d'un revers de la main.

Le tunnel des nuits pourries

La privation de sommeil est l'une des conséquences les plus éprouvantes de l'arrivée d'un enfant. Avec son lot de nuits courtes et hachées, le post-partum est physiquement éreintant, et la dette de sommeil accumulée jusqu'à la reprise peut être très handicapante.

Les jeunes parents dorment en moyenne moins de 5 heures[3] par nuit la première année qui suit l'arrivée de leur enfant, soit une dette totale de 50 nuits complètes sur un an. C'est le sommeil des mères qui en pâtit le plus puisque, selon une étude Ifop[4], près de 8 femmes sur 10 déclarent se lever plus souvent la nuit que le coparent – contre 15 % des hommes. Cerise sur le gâteau : près de la moitié des femmes précisent être les seules à se lever.

En dépit des mythes qui voudraient que les bébés « fassent leurs nuits » passé un certain poids ou un certain âge, les « nuits pourries » des mères perdurent bien au-delà de la fin du congé maternité, et ne s'arrêtent évidemment pas par magie le premier jour de la reprise. Selon une vaste étude[5] de l'université de Warwick, la quantité et la qualité du sommeil peuvent même être altérées (de manière décroissante à mesure que l'enfant grandit, certes) jusqu'aux 6 ans de l'enfant.

Attention, le manque de sommeil lié au rythme d'un nourrisson n'a rien à voir avec le manque de sommeil dû à un coucher tardif parce qu'on a *bingé* une série Netflix ou joué les prolongations au bar un soir : on parle de réveils intempestifs plusieurs fois par cycle de sommeil, entre lesquels il faut trouver toutes les astuces pour rendormir son bébé – puis parvenir à s'assoupir à son tour. Parmi les astuces : faire les cent pas… ou plutôt les millions de pas, puisqu'une étude conduite en 2018 par l'entreprise anglaise Simba mettait en évidence qu'en moyenne les parents parcouraient plus de 3 kilomètres par 24 heures pour endormir leur enfant, soit l'équivalent de 28 marathons à l'échelle d'une année[6]…

Les réveils multiples sont éreintants (certains parents admettent même que la dette de sommeil accumulée leur a fait oublier le prénom de leur nourrisson – 8 % pour être précise, ce qui est assez colossal, me semble-t-il[7]) et sont le plus souvent liés à un stade du développement de l'enfant : problèmes gastriques liés à une intolérance au lactose ou à la diversification alimentaire, poussées dentaires qui apparaissent principalement autour du deuxième trimestre de l'enfant[8], soit en plein retour de congé maternité... Les traitements médicaux sont peu efficaces pour soulager durablement les enfants, et le sommeil des bébés n'étant de toute façon pas linéaire[9], les parents sont souvent laissés à leur triste sort en attendant que le bébé « fasse » enfin ses nuits.

Quand le bébé est en bonne santé, c'est déjà compliqué, alors quand s'emmêlent des pathologies, des maladies et les éventuels troubles du sommeil du ou des aîné·e·s, le terme de « nuits pourries » paraît un doux euphémisme, et l'expression « nuits de l'enfer » nettement plus appropriée. C'est ce qu'a vécu Ève Simonet, 27 ans, réalisatrice de la série documentaire *Post-partum* et mère d'un enfant souffrant d'un reflux gastro-œsophagien (RGO) sévère au cours de sa première année :

> J'ai demandé un congé pathologique de quinze jours supplémentaires parce que je me suis dit : « Mais comment je retourne travailler dans cet état ? » Mon corps n'était absolument pas remis de mon accouchement. Mon fils ne dormait pas. Il avait un RGO très fort

et était très malade. Il dormait par cycle de 20 minutes, de temps en temps, donc très, très peu. Autant dire que, moi, je ne dormais pas. Parce que quand lui s'écroule de fatigue pendant 15-20 minutes, toi derrière, tu ne peux pas t'endormir tant ton sommeil est complètement modifié, même si tu es épuisée. J'étais dans un état de danger presque physique de ne pas dormir comme ça depuis trois mois, et d'être en plus hyper inquiète pour mon bébé[10].

Certaines mères, en état d'hypervigilance, n'arrivent même plus à se rendormir tant elles appréhendent le prochain réveil en sursaut. Marie, 30 ans, mère d'un bébé de 5 mois, en témoignait dans un article Doctissimo :

> Lorsqu'il a fallu reprendre le travail, je me réveillais systématiquement à 3 heures du matin, même quand mon bébé dormait. Je commençais à cogiter, j'avais mal au ventre, et il m'était impossible de me rendormir. J'avais l'impression de ne faire que somnoler[11].

Au-delà de la seule fatigue, le manque de sommeil a des impacts psychologiques et physiologiques considérables lorsqu'il s'inscrit dans la durée, pouvant entraîner des risques cardiovasculaires, du diabète et de l'obésité[12], influant notamment fortement sur l'humeur, la santé mentale, mais aussi la mémoire et la réactivité intellectuelle[13].

Dans le recueil *Mères sans filtre*, la journaliste Camille Abbey, mère de jumeaux, a consacré son texte à la fatigue qu'elle a subie. Elle écrit notamment :

> Comme une zombie, gonflée de caféine, j'allais donc au travail, à reculons, avec cette crainte plutôt fondée : comment allais-je réussir à me concentrer ? [...] Une dispute avec mon compagnon avait accentué un peu plus ma vulnérabilité. Je répétais avec lassitude que je n'en pouvais plus d'être fatiguée et il n'en pouvait plus que je me plaigne, que je n'aie plus que ce mot-là à la bouche : FA-TI-GUÉE. [...] Ce matin-là, je m'effondrai en pleurs sur un banc, à bout de forces, me demandant comment j'allais réussir à assumer ma journée, et toutes celles d'après. [...] Cette fatigue ignorée, taboue, injuste, était inacceptable[14].

En effet, dans ce contexte, comment reprendre un rythme de travail soutenu ? Eh bien, débrouillez-vous : la reprise exige que vous restiez éveillée et active toute la journée, peu importe la qualité nécessairement dégradée de vos nuits.

Un corps toujours en convalescence

> *Je m'imaginais avoir du temps pour moi, retrouver mon bébé après le travail et passer du temps de qualité avec lui. On minimise la fatigue liée à la reprise et au post-partum encore présent. Sans parler du retour de couches qui a fait son apparition quelques semaines plus tard, à cause de l'espacement des tétées dû à la séparation. Un bouleversement hormonal des mois après l'accouchement.*
>
> Blog *Les ptites mains d'abord*[15]

Le manque de sommeil n'est pas le seul facteur de fatigue physique des mères.

Lorsqu'elles reprennent, et plus particulièrement lorsque leur reprise a lieu à la fin du congé maternité légal – soit aux 2,5 mois du bébé pour les deux premiers enfants[16] –, leur corps est encore convalescent après la grossesse et l'accouchement : le fameux quatrième trimestre de la grossesse a des répercussions importantes sur leur état global.

Il a fallu près de 9 mois à leur corps pour fabriquer un enfant ; leur accouchement a en moyenne duré 8 heures sans compter le pré-travail[17] – heures durant lesquelles elles ont souvent souffert et été dans un état d'angoisse avancé (qui serait serein face à la perspective de faire sortir un corps de son propre corps ?). Et lorsqu'elles accouchent par césarienne, elles subissent une opération carabinée, ouvrant diverses couches de leur abdomen puis de leur utérus, laissant une cicatrice très douloureuse au moment même où elles doivent porter un bébé dans leurs bras, s'en occuper, le bercer et le changer – en d'autres termes, la possibilité de se remettre d'une telle intervention chirurgicale en 2,5 mois est à peu près nulle.

D'autant plus que s'ajoute à tout cela le cortège de complications éventuelles post-partum, aux incidences durables sur la santé physique et mentale des mères : calculs rénaux, infection utérine ou descente d'organes sont quelques exemples des joyeusetés post-partum dont on n'ose pas parler (et pour cause), malgré les traumatismes qu'elles peuvent causer. C'est ainsi que, trop souvent, la convalescence nécessaire pour se remettre d'un traumatisme physique d'une telle ampleur ne peut avoir lieu : les mères qui ont accouché doivent s'occuper de leur enfant, et se doivent de le faire seules, compte tenu de la durée excessivement courte du congé coparent (si tant est qu'il y ait un second parent[18]).

Bref, les nouvelles mères qui reprennent le travail doivent souvent composer avec un corps encore « en vrac », malmené autant par la grossesse et l'accouchement que par la fatigue liée à l'exigence des soins donnés à leur nourrisson et par la solitude qui leur est imposée. Et ces désordres pèsent autant sur le moral que sur le corps des mères, ajoutant à leur inconfort physique une incertitude quant à leur valeur sociale – même les plus triviaux – : problèmes de fuites urinaires dues à un périnée encore insuffisamment tonique[19], constipation chronique (liée à l'accouchement, au stress et/ou au manque de temps pour manger, s'hydrater et même aller aux toilettes), crises hémorroïdaires[20], tendinites et douleurs dorsales[21] à force de porter le bébé, de le nourrir et de manipuler la poussette, etc.

Ces souffrances persistantes, aussi banales soient-elles, peuvent avoir un impact psychologique important qui peut à son tour entretenir ces difficultés physiologiques. C'est ce qu'explique la professeure Françoise Laroche, médecin de la douleur :

> Quelle que soit la cause de la douleur, avec le temps, elle provoque diverses réactions psychologiques : anxiété, insomnie, fatigue, tension nerveuse, repli sur soi, démoralisation, dépression, parfois désintérêt sexuel, etc. Ces réactions contribuent à entretenir votre douleur[22].

Un cercle vicieux auquel s'ajoute la pression due à l'obligation de performance – apparaître sous son meilleur visage dans le cadre professionnel. Le travail sur soi et l'énergie à mobiliser pour ne surtout pas écouter ses besoins les plus basiques sont non seulement considérables, mais peuvent concrètement mettre les femmes en danger : les pics de dépressions post-partum sont constatés 3 mois puis 6 mois après l'accouchement[23] – pile dans le tunnel de la reprise.

Le difficile deuil du « corps d'avant »

Autant le congé maternité est le temps du « devenir mère », autant la reprise est celui du « redevenir un être social » : il faut alors, pour la nouvelle mère, sortir de son cocon, se « remontrer au monde », reprendre place dans l'espace public – notamment professionnellement.

Concrètement, cela veut dire remiser les vêtements « doudous » – ces habits informes (souvent moches) utilisés pour affronter sans regret les bavouilles et autres régurgitations de bébé – pour adopter des habits plus conformes aux attendus de la société, et retrouver (défi ultime) un rythme de douches socialement admissible.

C'est donc une étape symbolique importante, une phase durant laquelle les mères se confrontent à leur image – qui a souvent un peu (disons-le : *beaucoup*) changé. C'est certes une bonne chose, car cela amène les mères à se retrouver en tant que femmes, en tant qu'individus à part entière, au-delà de leur seule identité maternelle. Mais cela les contraint aussi à renouer avec les injonctions qu'elles enduraient en tant que femmes avant d'être mères, et à affronter la sévérité du regard scrutateur de la société, accentuant leur propre rejet d'un corps que, bien souvent, elles ne reconnaissent plus. Comme le résume Illana Weizman, « le corps post-partum est une offense à toutes les injonctions qui accablent les femmes[24] ».

Pour moi, l'épreuve du miroir a été redoutable. Il faut dire qu'il y avait un peu de déni jusque-là. Entre le ventre flasque post-partum et la fatigue accumulée depuis la grossesse, mon corps et mon image étaient loin des standards esthétiques, mais je n'avais ni l'envie ni le temps de m'en préoccuper. C'est la perspective de ma reprise qui m'a contrainte à me confronter à mon reflet, à faire face à ce corps qui ne m'était plus familier et que je n'avais même pas vraiment eu le temps de redécouvrir, trop accaparée par mon bébé. Cela a plus ou moins coïncidé avec l'« épreuve du jean », ce moment gênant où on se tortille dans tous les sens pour espérer rentrer dans son jean d'avant-grossesse… Et où j'ai bien été forcée de m'apercevoir que mon jean, objet confortable et facile à enfiler par excellence, était devenu le symbole d'une vie qui me semblait révolue, d'un corps qui, en une grossesse et un post-partum, avait complètement changé.

Étais-je à l'aise avec mon apparence ? Non : d'ailleurs, qui peut l'être en post-partum ? Comme tant d'autres femmes après l'accouchement, le rapport que j'entretiens à mon corps est ambivalent. J'ai beau me sentir en phase avec le mouvement *body positive*[25], je n'échappe pas complètement aux différentes injonctions esthétiques faites aux femmes : minceur globale, jeunesse d'une peau éternellement lisse et beauté sans aspérité[26]. À vrai dire, il me semble qu'il faut être dotée d'une force mentale surhumaine pour s'affranchir totalement des diktats de beauté que la société nous impose depuis notre plus jeune âge, au point que le body positivisme peut presque se muer en une autre injonction : celle de ne pas avoir le droit de ne pas s'adorer – pour celles et ceux que la double négation rebute, je traduis : celle de devoir s'adorer !

Mais revenons à nos premiers moutons : l'injonction numéro un faite aux corps post-partum, c'est de retrouver la ligne illico, d'effacer le souvenir de la grossesse, de reprendre forme après cette tolérance de 9 mois à l'élargissement XXL. Le corps après grossesse obsède, et les magazines et les blogs féminins en ligne font partie des gardiens de ce temple qui rappelle sans cesse aux femmes que leur physique, quelle qu'en soit la forme et quel que soit le contexte, pose problème : il faut, le plus vite possible, faire disparaître les traces de la grossesse, effacer son corps de mère pour retrouver son « corps d'avant », sous-entendu un corps mince, jeune, qui n'a donc… pas vécu de grossesse.

À la reprise, cette pression se ressent aussi dans l'angoisse d'être perçue comme un corps qui n'a pas réussi à se remettre dare-dare en forme, et peut être confirmée par des regards insistants sur notre ventre ou sur le reste de notre enveloppe physique. Car l'apparence physique est importante dans l'évolution professionnelle des femmes, comme le souligne le directeur de l'Observatoire des discriminations, Jean-François Amadieu : « Être une femme, c'est non seulement connaître une carrière plus difficile, mais encore être dans une quasi-obligation de séduire[27]. » D'ailleurs, selon la brochure du Défenseur des droits *Le Physique de l'emploi*, datant de 2016, le surpoids est

« un facteur augmentant la discrimination, mais uniquement pour les femmes ». Sachant que tout cela se mixe à la discrimination liée à la grossesse et à la maternité (sur laquelle je reviendrai en détail), l'ambiance est posée.

Dans le lot des bouleversements physiques qui plombent le moral, l'un d'eux touche un symbole ancestral (et pesant, certes) de la féminité : la chevelure. De Raiponce à Baudelaire qui lui consacra un de ses plus célèbres poèmes[28], de la Renaissance aux peintres préraphaélites et (évidemment) dans toute l'imagerie des princesses Disney, la chevelure est un attribut par essence féminin, objet de soins (et donc de dépenses considérables[29]) visant à en favoriser la brillance, le volume et l'esthétique globale. Or la chute d'œstrogènes qui suit l'accouchement entraîne celle des cheveux, parfois par poignées, ou leur changement de nature – ils deviennent gras ou secs –, parfois accompagné de l'apparition de mèches blanches. Tout cela peut être encore un coup dur porté au Narcisse déjà en berne chez bien des mères. Cela peut même virer à l'obsession, voire au traumatisme pour certaines, dont la journaliste Pauline Machado qui en a rendu compte dans un article particulièrement intime paru dans *TerraFemina* :

> [Après l'accouchement] une majorité des femmes perd ses cheveux. Dans cette majorité, il n'y a peut-être pas vos sœurs, ni vos tantes, ni votre mère. Ou alors elles ne vous en ont pas parlé. Parce que ce genre d'effets secondaires est rarement évoqué. Mais il y a moi. Et un paquet d'autres jeunes mamans qui se sont retrouvées complètement désemparées en regardant ces mèches entières leur filer sur les doigts, avant de s'engouffrer dans le tuyau de la douche. Plus tard, il y en aura sur le canapé, dans les couches (si, si), dans la bouffe, dans le lit. Partout. Jusqu'à créer une obsession pas franchement bienvenue au moindre cheveu disparu. [...] Je craque parce que je suis crevée, que je reconnais pas trop mon corps et que c'est un nouveau truc physique à accepter. Je craque parce que ma vie change et que je ne sais pas si j'étais vraiment prête, en fin de compte[30].

Il y a de quoi craquer, dans ce bouleversement solitaire, physique et psychique, d'autant que l'« alopécie post-partum[31] » – le terme scientifique donné à cette chute de cheveux – survient généralement au moment de la reprise, entre 3 et 6 mois après l'accouchement, et peut durer jusqu'à 8 mois, le stress et le manque de sommeil pouvant aggraver la situation.

Au moment de faire notre grand retour au travail et dans la vie sociale, on doit ainsi composer avec une dette de sommeil colossale, un corps en vrac, dans lequel on ne se sent pas super à l'aise, et une tête qui nous déprime, avec des valises sous les yeux et presque plus rien sur le caillou... Des conditions pas vraiment idéales pour affronter les défis organisationnels que posent la reprise du travail et le Saint-Graal de l'équilibre pro/perso.

Allaitement et sevrage : un grand biberon de charge mentale

Parmi les tâches exclusivement maternelles, l'étape du sevrage, partiel ou complet, s'ajoute encore à tout le reste pour les femmes qui allaitent. En 2002 (hélas, les enquêtes plus récentes manquent), 48 % des arrêts d'allaitement après 9 semaines étaient ainsi dus à la reprise de l'activité professionnelle[32].

Pour revenir à l'arrêt de l'allaitement, levons un nouveau lièvre : si l'allaitement est désormais largement promu[33], le sevrage, lui, reste une étape invisible de la reprise, dont personne ne devine les difficultés en dehors de celles qui les vivent. Sevrer son bébé représente beaucoup d'énergie et d'organisation : ce processus se doit d'être anticipé et progressif, pour faciliter l'acceptation du lait infantile chez le bébé, comme pour éviter tout risque d'engorgement ou de mastite chez la mère. En dehors des pures considérations physiologiques (toujours très taboues), c'est aussi un moment délicat qui signe le début d'un nouveau mode relationnel entre la mère et son bébé, et la fin d'une intimité peau à peau régulière à laquelle certaines sont très attachées. L'arrêt de l'allaitement peut dès lors être source de pression et de frustration de part et d'autre ; de fatigue aussi puisqu'il peut s'étaler sur plusieurs semaines, et même donner lieu à des nuits chaotiques en cas de sevrage complet.

Lorsque les mères souhaitent poursuivre l'allaitement maternel à leur reprise, cela induit de nouveau toute une logistique à mettre en place : avoir un bon tire-lait, un sac réfrigéré où conserver ledit lait, et pouvoir prendre des pauses dédiées dans une salle *ad hoc* sur le lieu du travail… or bien des entreprises n'en disposent pas. Selon son métier et son employeur, le tirage du lait peut même devenir un défi considérable : une infirmière en hôpital public me racontait que son emploi du temps était tel qu'elle était souvent obligée de tirer son lait en même temps qu'elle accomplissait une autre tâche, alors même qu'elle travaillait en réanimation pédiatrique, service où l'allaitement est largement promu au regard de l'importance du lait maternel pour les bébés prématurés… Aude, 30 ans, médecin généraliste en libéral, me confiait que le stress lié à la poursuite de l'allaitement l'avait conduite à mettre son travail en péril :

> Mon fils a fait ses nuits vers 7 ou 8 mois, soit 3 mois après ma reprise. Les quinze premiers jours ont été hyper durs. Mon erreur, c'est que, quand je suis arrivée le premier jour, je me suis fait un planning avec les mêmes horaires que d'habitude. J'avais juste prévu deux fois une demi-heure pour tirer mon lait. Et en fait, c'était horrible. J'étais hyper en retard, j'avais complètement perdu le rythme. J'ai fait des erreurs, pas des fautes graves, mais ça ne me serait jamais arrivé en temps normal. Et j'avais ce stress de me dire : « Il faut que tu tires, il faut que tu prennes le temps de tirer. » C'est vraiment une grosse charge mentale[34].

Pour certaines femmes, au stress s'ajoute l'indécence des conditions dans lesquelles leur employeur les place pour tirer leur lait… aux toilettes, car elles se sont vues refuser la réservation d'une salle pour ce faire, ou qu'il n'y a aucun autre lieu offrant l'intimité nécessaire.

Même lorsque les conditions ne sont pas trop mauvaises, cela reste une routine quotidienne qui prend du temps et de l'énergie à toutes, dans une journée déjà ultra-chargée. Le temps dédié à ces pauses n'est pas rémunéré (sauf si la convention collective l'a inscrit dans ses textes[35]), ce qui complexifie encore le fait de demander à sa direction des conditions dignes pour tirer son lait (car si c'est fait en loucedé, on garde son salaire – les pauses clopes, elles, ne font l'objet d'aucun regard négatif ni de précarisation des employé·e·s, je dis ça comme ça en passant).

Si les défis auxquels les jeunes mères sont confrontées au quotidien à leur reprise sont de taille, et le rythme épuisant, les bouleversements les plus profonds sont pourtant ailleurs, du côté des émotions et des questionnements existentiels. C'est ce qui ressort de tous les témoignages que j'ai pu recueillir.

Un chamboulement intime et familial

Les questionnements existentiels que suscite la reprise s'inscrivent dans le sillage des bouleversements liés au fait de devenir mère, avec cette particularité d'interroger dans le même temps son rapport au travail, sa relation à son nourrisson à peine né et sa place dans la société. Le tout, au double filtre des nouvelles priorités parentales et des conditions de reprise sur le lieu de travail.

Ces questionnements s'accompagnent d'émotions fortes, d'autant plus déstabilisantes qu'elles sont exacerbées par la fatigue physique et mentale qu'entraînent les nuits sans sommeil et le stress des journées à mille à l'heure des mères actives.

Et c'est ce bouleversement émotionnel et existentiel qui semble le plus marquer les mères. Depuis la création de mon podcast

La Reprise, à la question « C'est quoi pour toi la reprise ? », les réponses que l'on me donne – « transformation », « rupture », « bascule », tsunami », « pivot » – correspondent à un éventail d'épreuves traversées, marquant l'intensité de cette période et le poids du tabou.

« Qui suis-je ? » : quand matrescence et reprise s'entrechoquent au niveau identitaire

Le chamboulement identitaire s'inscrit dans ce bouleversement psychique et existentiel qu'est la « matrescence ». Inventé en 1973 par l'anthropologue américaine Dana Raphael, ce terme – contraction de « maternité » et d'« adolescence » – désigne cette phase post-accouchement qui voit « une série de changements spectaculaires sur l'état physique de la nouvelle mère, son état émotionnel, ses relations aux autres et même dans son identité de femme[36] ». Un concept repris et popularisé en 2017 par la psychiatre américaine Alexandra Sacks, dont s'est inspirée Clémentine Sarlat avec le lancement de son podcast *La Matrescence* en 2019, pour normaliser la situation et déculpabiliser toutes ces mères qui viennent la consulter. Leur « problème » à toutes : elles ne comprennent pas pourquoi elles sont si loin de l'épanouissement et du bonheur auxquels elles s'attendaient, sans pour autant être en dépression du post-partum. Ces mères ne sont pas malades, elles sont simplement en transition. Pour résumer : on ne naît pas mère, on le devient.

C'est durant le congé maternité que cette « naissance de mère » commence à s'opérer, non sans heurts puisque cette évolution vers une identité maternelle s'articule autour d'un tiraillement constant entre « attraction et rejet », comme le détaillait Alexandra Sacks dans une conférence TEDx de mai 2018 :

> La mère se souvient que son identité présente d'autres aspects – son travail, ses loisirs, une vie spirituelle et intellectuelle –, sans parler des besoins physiques : dormir, manger, faire de l'exercice, avoir des rapports sexuels, aller aux toilettes, être seule[37].

Se posent alors ces questions fondamentales : « Qui suis-je au-delà d'être mère ? », « Où placer le curseur entre mon identité de mère et mon identité professionnelle ? »...

Le travail étant, après la famille, l'une des composantes essentielles de l'identité de tout individu[38], la reprise apparaît pour beaucoup de mères comme la promesse d'un « retour à la normale », à ce qui faisait leur équilibre de femme « avant ».

Parce que le mot « reprise » évoque le fait de se remettre à quelque chose après une pause, parce que c'est un sujet très peu abordé et qu'il ne semble être problématique que sous l'angle de la séparation d'avec le bébé, alors on croit que les choses vont « rentrer dans l'ordre » avec la reprise, qu'en retrouvant son travail, son rythme et ses habitudes d'avant on va finalement se retrouver soi, comme on espère aussi finir par retrouver son « corps d'avant »... Sauf qu'il en est tout autrement et qu'en l'absence de soutien systémique, on se retrouve vite dans une profonde solitude lestée d'un sentiment d'échec carabiné.

Se séparer de son bébé : la grande affaire ?

La séparation fait partie des premières émotions bouleversantes liées à la reprise, un moment symboliquement très fort puisqu'il signe souvent la fin du duo mère-bébé formant un tout indissociable depuis les premières semaines de grossesse. La reprise, ce sont les premiers jours du reste de leur vie d'êtres in(ter)dépendants.

La fin d'une phase et le début d'une nouvelle vie

La reprise est la fin d'une étape par excellence existentielle : l'entrée en maternité, le sentiment, parfois pesant et aliénant, mais bien réel, d'être l'unique condition de survie de son enfant encore absolument dépendant de soi. C'est aussi le début d'une autre étape, celle d'un retour à une vie que l'on a laissée quelques mois avant, et qui régulièrement semble absolument étrangère à l'expérience fondamentale que l'on vient de vivre. Cela n'a rien d'anodin, que l'on soit heureuse et soulagée ou pas de revenir à une vie hors du foyer.

La séparation d'avec son bébé est un lâcher-prise d'une nature très particulière dans la mesure où il s'agit de son propre bébé que l'on confie à autrui, alors même que l'on peut penser être la seule personne à le comprendre tout à fait, à saisir ses besoins et à pouvoir le réconforter. Concrètement, cette étape demande aux mères de ne plus s'habituer à être en permanence à l'affût des besoins de leur bébé, et dans le contrôle de leur sécurité, corporelle comme affective. Un détachement tant physique que psychique, que certaines – j'en ai fait partie – appréhendent même des semaines avant la reprise. Mathilde Bouychou en parlait dans un épisode en trois volets que j'ai enregistré avec elle :

> [La reprise] est aussi la fin d'une étape : on sort de la période du nourrisson pour rentrer dans la période du bébé. Les femmes disent : « C'est passé hyper vite, je ne l'ai pas vu grandir. » Et sortir de cette étape-là du nourrisson, d'une certaine forme de fusion, ce n'est pas forcément simple. C'est une période de grande ambivalence. Parce que ce que j'observe le plus souvent, c'est que les deux sont mêlés : on a envie de reprendre et, en même temps, on n'a pas envie de quitter son bébé. Ça va se vivre en même temps. Et c'est peut-être ça qui crée de l'angoisse aussi, parce qu'on ne sait pas sur quel pied danser[39].

« La nounou saura-t-elle bien répondre à ses besoins ? Mon enfant va-t-il être destabilisé ? Vais-je rater plein de moments essentiels ? Va-t-il moins m'aimer ? Suis-je passée à côté de mon congé maternité ? Ai-je réussi à créer le lien que j'espérais ? » La liste est longue des potentielles inquiétudes, rationnelles ou non, liées à la séparation ou au choix du mode de garde. Et elle s'allonge d'autant plus lorsque la reprise se fait à l'issue du congé maternité légal, soit 10 semaines après l'accouchement, au moment où commence à apparaître de manière plus marquée la personnalité de son bébé, avec les modalités d'une relation réelle entre lui et nous.

Ajoutons à cela les remarques (naturellement non sollicitées) de l'entourage, voire des gardes d'enfants elles-mêmes, qui, parfois, ne se prive pas d'en rajouter une couche : « Déjà ? Oh là là, mais il est si petit ! », « 10 heures par jour à la crèche ? C'est vraiment très long pour un bébé, non !? Tu ne peux pas venir le chercher un peu plus tôt ? », « Tu es sûre de la nounou/crèche ? On entend de ces choses… » Les raisons de s'inquiéter et de culpabiliser sont indéniablement nombreuses à la reprise, et rien n'est fait pour nous en protéger, à commencer par les représentations et les pressions sociales qui ponctuent cette séparation.

Cependant, une fois que tout cela est établi, on peut interroger les représentations et les attendus très forts qui émaillent la projection collective de cette séparation mère/enfant. À bien des égards, la séparation peut *aussi* être vécue comme une libération après des semaines à ne parler que par onomatopées et où les motifs de fierté de soi se bornent à réussir un panier d'une seule main en balançant la couche sale à la poubelle…

Un imaginaire collectif réducteur…

Si on se contente de regarder en surface, les médias grand public et les réseaux sociaux laissent penser que la séparation mère/enfant est le SEUL problème de la reprise. Les réseaux sociaux regorgent de posts de mères dévastées à l'idée de laisser leur enfant en journée – loin de moi l'idée de douter de la profondeur de leur détresse : ce dont je doute, c'est que cette immense détresse ne soit le fait « que » de la perspective de cette séparation.

J'ai tendance à croire qu'à force d'être assaillies d'injonctions à être 100 % maternantes il y a aussi (et c'est bien compréhensible), de leur part, un effet de mise en conformité avec les attentes de la société : il faudrait qu'elles ne soient *que* mères, et donc que, partout où elles circulent, elles soient des « mamans », y compris aux yeux d'un monde qui n'est pas celui de leur seul bébé. Ainsi peut-on lire ici et là sur Instagram : « cœur de maman en miettes », « j'ai l'impression de l'abandonner », « heureusement que le beau temps est revenu sinon bonjour la dépression », « j'ai pleuré toutes les larmes de mon corps », le tout accompagné de moult émoticônes « cœur brisé » et « émojis en pleurs ». La sociologue Caroline Ibos décrit ce phénomène, qu'elle a pu vérifier lors d'entretiens menés avec des femmes qui confiaient leur enfant à une nounou :

> Les entretiens avec les mères actives-occupées révèlent la puissance sociale de l'enchantement de l'enfant. Elles décrivent souvent le moment de la délégation des soins sur le mode douloureux de la culpabilité, de la coupure ou du renoncement[40].

Si l'endroit du lien mère/enfant est le seul au sein duquel la détresse des mères est légitimée par la société, il semble naturel que ces dernières y cherchent le réconfort, même si le poids du tabou, lui, reste intact et que cela ne résout finalement pas le fond du problème – à savoir que leurs besoins logistiques et économiques se trouvent de part en part entravés au sortir du congé maternité, faute de considération systémique et de renouvellement des représentations depuis l'entrée des femmes dans le monde du travail rémunéré (or ça commence à dater : il serait temps d'en tenir compte).

Attention, je le répète : loin de moi l'idée de nier la difficulté de la séparation d'avec le bébé à la fin du congé maternité. Ce serait d'autant plus malvenu de ma part que j'ai été de celles qui appréhendent terriblement la séparation, le ventre noué et le souffle coupé à la seule idée de laisser mon fils. La reprise est indiscutablement une période où la *Mater dolorosa* qui sommeille en nous peut se réveiller et être terrassée par la douleur de devoir quitter la chair de sa chair plus de deux heures d'affilée. Néanmoins, je veux questionner ici le caractère si lisse et supposé unanime de cet imaginaire collectif de la reprise associée à l'image d'une mère éplorée qui retourne au travail à contrecœur, pétrie de culpabilité vis-à-vis de son enfant. N'y a-t-il réellement qu'un schéma type de la reprise ?

C'est si ancré dans nos esprits que des femmes m'ont confié avoir été étonnées, voire déstabilisées, d'avoir eu les yeux secs les premiers jours de reprise, et même d'avoir apprécié – ô sacrilège – de retravailler. Moi-même, qui suis comme toute autre pétrie du discours ambiant sur la fusion mère-enfant, j'ai été surprise de trouver aussi du plaisir à reprendre le chemin du travail… La puissance de l'imaginaire collectif de la mère contrainte, pour qui le travail est un fardeau qui l'éloignerait de la seule tâche qui compte – à savoir faire des enfants et s'en occuper H24 –, fait de l'ambivalence des mères une déviance aux yeux de la société. Les témoignages que j'ai pu recueillir sont unanimes de ce point de vue : en découvrant leur envie de reprendre, les mères culpabilisent de ne pas culpabiliser…

Il me paraît donc absolument nécessaire d'interroger les effets de cet imaginaire collectif sur la représentation des mères qui travaillent, comme sur ses conséquences sur la (non) prise en considération – et anticipation – des particularités de la reprise dans la vie professionnelle et personnelle des femmes. Et mon point de vue est radical : c'est un imaginaire délétère à plus d'un titre.

... et délétère

Pourquoi délétère ? Parce que cet imaginaire est parfaitement réducteur et nie la complexité des enjeux et des difficultés rencontrés par les mères à la reprise. À cause de ce tabou bien au chaud sous les montagnes d'injonctions, les mères ne se méfient pas assez de la complexité de cette période et focalisent uniquement sur le mode de garde – focale logistique – et sa conséquence, la séparation – focale émotionnelle.

Les études approfondies représentatives sur ce qu'anticipent les femmes pour leur reprise manquent, mais ma petite expérience dans le domaine, ainsi que les interviews menées pour le podcast, me font entrevoir une diversité bien plus vaste des difficultés ressenties par les mères dans la perspective de reprendre une activité professionnelle après un congé maternité : épuisement suite au post-partum, vulnérabilité psychique et physiologique due à certains traumatismes que l'accouchement ou la maternité auraient réactivés[41], appréhension de la pression sur le lieu de travail (à juste titre : les femmes actives de 18 à 44 ans qui ont été enceintes ou mères d'un enfant en bas âge ont été deux fois plus la cible de discriminations que les autres[42]) ou peur de ne pas arriver à concilier temps professionnel et temps familial ne sont que quelques exemples dans l'océan de raisons menant à redouter la reprise, loin d'être réductibles à la crainte de briser le lien avec l'enfant.

Enfin, cette sacro-sainte affaire de séparation pose la norme de ce que doit être une « bonne mère » qui travaille, et c'est une idée contre laquelle je veux par principe m'ériger, car elle peut engendrer une culpabilité infinie. De fait, si les médias nous abreuvent de représentations de mères éplorées pour lesquelles le seul enjeu est de parvenir à couper le cordon au moment de la reprise, ils nous incitent en creux à considérer comme anormale une mère qui pourrait, par exemple, se réjouir de reprendre ou trouverait soulageante l'idée de ne plus être confinée avec son bébé chaque minute de chaque jour. Car ne soyons pas dupes, comme nous y invite Marie-Joseph Bertini, philosophe et docteure en sciences de l'information et de la communication :

> Les médias nous décrivent moins le monde qu'ils ne nous le prescrivent et leur mise en forme (in-formation) est d'abord et avant tout une mise en ordre, une ordonnance du réel[43].

Dans la « vraie vie », il n'y a pas de schéma type : il y a autant de manières d'aborder la reprise, et cette fameuse séparation, qu'il y a de femmes et de maternités. Et toutes les expériences sont légitimes.

J'ai ainsi recueilli beaucoup de témoignages de mères heureuses, impatientes, parfois même, de retravailler. Et lorsque certains de ces témoignages ont fait l'objet d'épisodes[44] de podcast, j'ai reçu de nombreux messages me remerciant de faire entendre cette réalité-là, celle d'une capacité à construire sa vie économique et sociale de son côté tout en aimant son enfant.

Enfin, réduire la reprise à la seule angoisse de laisser son bébé laisse à penser que la reprise ne serait qu'un sujet individuel, dont les femmes seraient les uniques actrices, essentialisées dans une hystérie maternante qui reprendrait ses droits sur le cours de leur vie : la totalité de la responsabilité de la réussite de cette étape fondamentale pèserait-elle donc sur les seules épaules des mères ?

Le besoin ou l'envie de reprendre : le grand tabou de l'ambivalence maternelle

Les mères sont souvent tiraillées par plusieurs sentiments, envies, peurs à l'idée de reprendre. Malgré ce que veut nous faire croire le discours dominant, elles ne sont pas seulement dévastées par le sentiment d'abandonner leur bébé : elles peuvent aussi, *spoiler*, avoir franchement envie de reprendre une vie sociale épanouissante et valorisante, ou ressentir le besoin de retrouver une activité professionnelle qu'elles ont abandonnée depuis plusieurs mois. Cela ne fait pas d'elles des monstres qui délaissent sans regret leur progéniture, mais cela introduit une part d'ambivalence non négligeable dans leur rapport à la fameuse séparation.

L'ambivalence de sentiments et d'émotions contradictoires est constitutive de l'entrée en parentalité, et plus particulièrement en maternité, dans la mesure où un tri doit être fait entre injonctions, représentations, tabous, domination masculine, sentiments personnels, réalité propre au modèle familial (mère solo, couple hétéro, homo, équilibre ou déséquilibre dans le partage des charges économiques, familiales, ménagères). En réalité, l'ambivalence est tout simplement le signe qu'on pense et que l'on n'est pas un robot bien programmé. C'est un état qui, dès le test de grossesse, est constitutif de l'identité maternelle, mais demeure tabou (car il est visiblement inacceptable que les mères soient autre chose que béates) et dont de nombreuses féministes[45] s'emparent pour œuvrer à sortir des essentialisations et obtenir des droits dignes et davantage d'égalité. À la reprise, cette ambivalence s'exacerbe encore, comme si vouloir retravailler signifiait ne pas (bien) aimer son enfant, n'être « pas comme les autres, pas comme il faudrait ».

Ce mal-être, Alvina, 29 ans, l'a vécu dès avant la naissance de son bébé : même si sa grossesse était très désirée (et très précieuse : survenue après deux arrêts naturels de grossesse[46] douloureux), Alvina a eu du mal à lâcher un travail qui la stimulait intellectuellement. Ce besoin impérieux de travailler a persisté après la naissance de son fils, la plongeant dans un abîme de culpabilité quand elle se comparait aux autres mères qui appréhendaient tant la séparation qu'impliquait la reprise :

> Le nombre de fois où on m'a dit : « Mais tu verras, tu reprends tôt, tu vas avoir envie de

repousser. » Mais non en fait, je ne vais pas avoir envie de repousser. [...] J'ai vite eu envie et ressenti ce besoin de reprendre le travail. Ma seule crainte, c'était de me dire qu'à deux mois et demi, ça allait me faire bizarre de laisser un nourrisson, et pas un bébé, à quelqu'un d'extérieur. Et j'avais aussi peur de culpabiliser de ressentir du plaisir à reprendre le travail[47].

Le discours sur la tragédie que représenterait la séparation mère/enfant était si ancré qu'Alvina (au même titre que bien d'autres femmes) s'est finalement trouvée démunie face à un vide de représentations sur le plaisir de s'épanouir dans sa vie à soi :

Je n'ai pas pleuré comme on peut l'entendre dire. J'ai pas eu le cafard la veille, j'étais contente de retrouver mes collègues. J'étais contente de parler d'autre chose que de bébés. Et ça, c'est quelque chose qu'on entend très rarement.

Ce droit à l'ambivalence, la société ne l'a pas prévu, ce qui donne lieu à des situations où le travail et l'amour filial sont en pur antagonisme (en particulier, bien sûr, pour les mères biologiques qui en paient tout le prix) au lieu d'être deux réalités entremêlées de la vie des personnes actives. Alvina témoigne de ce paradoxe qui ne devrait pas en être un :

> Et pourtant, je suis la première à 16 heures à regarder la montre, impatiente d'aller chercher Ethan. C'est pas le fait qu'il ne me manque pas, mais c'est un équilibre de vie. En fait, aujourd'hui, je ne peux pas me passer de mon travail. J'ai vécu deux mois et demi à travers Ethan, les rendez-vous médicaux, les nuits sans fin, etc. J'adore mon rôle de maman mais j'ai besoin de faire autre chose, de parler d'autre chose et d'être vue pas seulement comme « la maman », mais comme la professionnelle que je suis. Ça m'aide à m'épanouir aussi en tant que femme.

Toujours à rebours des discours ambiants, Élodie a tenu à expliquer, sous un post Instagram sur le sujet « Reprise et séparation », combien son retour au travail aux 4 mois de sa fille avait été salutaire à ses yeux, mettant fin à un sentiment d'« enfermement » et ouvrant une porte qui s'apparentait à une « délivrance » :

> Ça a été la délivrance pour moi ! J'avais hâte et ça m'a fait un bien fou. Ça m'a donné l'impression de profiter de ma fille quand j'étais avec elle plutôt que de saturer non-stop et me sentir enfermée. J'étais contente d'aller au boulot et contente d'en revenir !

Elle aussi insiste sur la persistance d'un discours qui essentialise les désirs fusionnels des femmes et nie leur légitimité à vouloir retrouver une vie professionnelle, indépendante et sociale :

> Le plus dur pour moi a été de ne pas me retrouver dans les discours grand public de « C'est difficile de reprendre », « Quel arrachement », alors même que moi, je me sentais délivrée. J'avais honte, je me jugeais beaucoup, comme si j'étais moins mère que les autres, ou que je n'aimais pas ma fille autant que je le devais. J'ai mis longtemps à accepter et assumer ça. Et depuis que je le dis, beaucoup de mamans m'ont fait part de la même chose, et elles aussi ne disaient rien aux autres car elles avaient l'impression d'être nulles/mères indignes. Certaines se sont même acharnées à des congés parentaux qui les ont brûlées à petit feu alors qu'elles crevaient d'envie d'aller bosser[48].

« Délivrance » : le (gros) mot est lâché ! Élodie témoigne ici tout haut de ce qu'un nombre non négligeable de femmes pensent tout bas, sans jamais vraiment oser en parler ouvertement, de peur d'être jugées de « mauvaises mères » ; la maternité n'étant que bonheur et dévouement, fusion et addiction, c'est bien connu.

Qu'il soit motivé par l'intérêt porté à son travail ou au fait même de gagner son pain, ce désir de reprendre révèle surtout un besoin de s'extraire d'un quotidien de mère au foyer, au choix, un peu trop étouffant, responsabilisant, épuisant, voire insuffisamment épanouissant pour certaines, ne serait-ce que parce que ce quotidien et ces responsabilités se vivent aussi souvent dans une solitude pesante, et ce d'autant plus que les coparents, et les pères en particulier (car on parle bien ici d'hétéropatriarcat), eux, ne sont attendus sur rien dans la mesure où leur congé demeure riquiqui (28 jours dont 7 obligatoires depuis juillet 2021[49]) et où les modalités dudit congé ne permettent pas réellement d'ancrer des habitudes égalitaires : 7 jours obligatoires (incluant week-end et jours fériés) à compter du jour de la naissance, puis 21 jours pouvant être divisés en deux fois, à raison de 5 jours minimum, le tout dans les 6 mois suivant la naissance[50]. Reprendre le travail est ainsi régulièrement un moyen d'avoir du relais, de revoir du monde, et d'avoir du temps où son énergie n'est pas complètement aspirée par un seul petit être… De ce point de vue, la reprise peut permettre de mieux apprécier le temps passé avec son enfant.

Incompréhensions et clashs au sein de la famille

Au-delà de la dyade mère-bébé, c'est toute la dynamique familiale qui est impactée par la reprise et, de fait, par la moindre disponibilité des mères, pouvant créer incompréhensions, frustrations et tensions au sein du couple comme de la fratrie, lorsque fratrie il y a. Ce peut être passager, le temps de la transition pour que la mère et la famille trouvent leur rythme dans ce nouveau quotidien de vie, mais cela peut aussi révéler des désaccords et des difficultés relationnelles plus profonds.

Faute d'information et de préparation, très peu de personnes anticipent ces bouleversements au sein de la sphère familiale, et encore plus rares sont celles qui en parlent ouvertement et/ou prennent conscience que nombre de difficultés familiales sont liées à la reprise et aux déséquilibres engendrés. De ce déni collectif résulte le fait que les parents, les femmes en premier lieu, naviguent totalement à vue dans les tiraillements et les méandres émotionnels que cela entraîne.

Au sein du couple bi-actif, il faut dire que l'expérience de la reprise est, factuellement, très différente selon le point de vue concerné. Si la reprise du coparent, bien plus précoce que celle de la mère, a pu être teintée de fatigue et d'ambivalence à l'idée de retourner au turbin, cela ne peut être comparable à ce que vit la mère à sa reprise, puisque celle-ci ne peut alors compter sur un conjoint à la maison pour prendre le relais ou, tout simplement, entrer en empathie avec la réalité qui est celle de reprendre le travail après une pause (révolutionnaire et épuisante sur tous les plans) d'au moins 3 mois. Ainsi le coparent a-t-il pu se concentrer sur sa réadaptation au travail sans subir toutes les difficultés et tous les aléas de l'articulation des temps pros et familiaux propres à cette période de transition puisque, quoi qu'il arrive, sa femme en congé maternité était *a priori* toujours là pour remédier à tout.

Quand le congé maternité s'achève, dans la plupart des couples, la répartition des tâches et des responsabilités n'est pas réévaluée à l'aune de la disponibilité moindre de la mère, du moins pas spontanément et encore moins selon la volonté active du coparent. Les études les plus sérieuses[51] s'accordent d'ailleurs pour dire que l'arrivée d'un enfant renforce les inégalités au sein d'un couple, et l'inégale répartition des tâches domestiques et parentales en est un symptôme, alors que le changement de rythme des mères à la reprise appellerait, en toute logique, à une réorganisation globale des tâches. Ajoutez-y les nuits sans sommeil, les difficultés rencontrées au travail, les discriminations, la perte d'emploi ou le recours à des temps partiels faute de relais, de garde ou même d'argent, le mix obtenu a tout d'un cocktail Molotov.

Le baby-clash : no sex, *petits pots et prises de bec*

81 % des parents de jeunes enfants se sont déjà disputés à propos des tâches parentales, 15 % tout le temps ou presque. 50 % ont eu envie de rompre avec leur conjoint·e après la naissance de leur dernier-né, dont 16 % sont passés à l'acte[52].

Si la fatigue et le stress qui accompagnent l'arrivée d'un bébé sont un terreau favorable aux querelles conjugales, il apparaît que le partage des tâches fait partie des principaux motifs de dispute.

Les ressentiments et les tensions que cela génère des deux côtés impactent fortement la qualité des relations au sein du couple, la complicité est moindre, et la libido – bien affectée par les nuits hachées et la fatigue post-partum – en prend un sacré coup : 48 % des couples font moins souvent l'amour qu'avant la naissance de leur enfant, 75 % des parents ont déjà renoncé à faire l'amour pour une raison liée à leur enfant, et 33 % des mères et 21 % des pères ont moins envie de faire l'amour qu'avant la naissance de leur enfant[53]. Tout cela dans un contexte où la transition de couple amoureux à couple parental n'est déjà en soi pas évidente, chacun devant se repositionner en intégrant le nouveau bébé dans l'équation : « Être parent est un effort pris sur le couple. L'enfant est une charge supplémentaire qui complexifie l'existence[54] », explique ainsi Stephan Eliez, professeur en psychiatrie et auteur de l'ouvrage *Être parents et s'aimer comme avant*[55].

Pour la sociologue Illana Weizman, le constat est encore plus radical : « L'enfant est le trou noir du couple », explique-t-elle ainsi au magazine *Madame Figaro* :

> Avant de devenir parent, on imagine que l'arrivée d'un enfant ne peut que souder un couple. On se dit que la maternité est quelque chose de merveilleux et qu'un enfant, « ce n'est que du bonheur ». Ça peut l'être, bien sûr, mais non ce n'est pas que ça. Durant les premières années de l'enfant, c'est un cataclysme. Cela rebat complètement les cartes puisqu'on passe de deux à trois. Le couple qui existait en tant qu'entité propre doit se réinventer, et ce n'est

> pas un passage évident pour tout le monde. S'il y avait des problèmes avant même l'arrivée du bébé, ça peut les faire ressurgir en pleine face. Entre les couches, les machines, le travail qu'il faut reprendre… on n'a plus forcément le temps de les gérer et finalement ça explose[56].

Car il faut prendre la mesure de l'événement : chaque membre du couple est devenu parent et se retrouve propulsé à la fois dans une responsabilité absolue envers un être humain entièrement dépendant, dans un attachement qui, la plupart du temps, ne ressemble à aucun autre vécu jusque-là, dans un retour à ce que ses propres parents lui ont donné ou face à des traumatismes d'enfance. Tout ce bouleversement individuel et de couple se heurte à la réalité matérielle du foyer à faire tourner, aux représentations de la famille que l'on voudrait être, aux jugements internes et externes, à la présence ou pas des beaux-parents et aux conséquences positives ou négatives que cela peut avoir sur le couple et son équilibre, aux angoisses face aux pleurs et maladies infantiles, aux désaccords sur la manière d'aborder tout cela… Bref, c'est, comme le dit Weizman, un « cataclysme » immense qui, selon les cas, est une révélation ou un effondrement. Il y a beaucoup à résoudre d'un coup, et les inégalités de genre sont l'injustice de trop dans cette période si dense.

Quand l'image du couple parfait s'écaille

Les incompréhensions et les tensions dans le couple ne provoquent pas que de la frustration ou de la colère chez les femmes ; elles peuvent aussi engendrer tristesse et désillusion, voire culpabilité et dépréciation chez celles qui croyaient que leur couple serait plus fort que ça, qui ont intégré que la charge émotionnelle[57] de la famille reposait sur leurs épaules et que, selon des représentations plus récentes, le binôme parental formerait une formidable « équipe », épanouie sur tous les plans.

Hier, c'était la « famille Ricoré » qui mettait en scène les rituels de la famille idéale et nourrissait notre imaginaire de la famille moderne, unissant dans la joie toutes les générations autour d'un bol de chicorée soluble. Aujourd'hui, c'est le hashtag #couplegoals (« objectifs de couples », qui réunit à date près de 51 millions de posts sur Instagram – l'objectif en question étant, en toute simplicité, la perfection) et ses millions de photos de couples amoureux qui font « vibrer » le miroir d'une réussite totale sur les réseaux sociaux, martelant l'injonction au couple parfait, c'est-à-dire soudé et souriant…

Et pourtant, 66 % des mères[58] admettent avoir vécu un « baby-clash », expression popularisée dès 2005 par le psychiatre français Bernard Geberowicz, dans son livre *Le Baby-clash. Le couple à l'épreuve de l'enfant*[59], pour désigner cette période de tensions vives au sein du couple, au bord de la rupture, après la naissance d'un enfant. Selon l'étude Ifop pour Sleepyz[60] citée plus haut, plus de la moitié des Français·es ont eu envie de rompre avec leur conjoint·e (les femmes dans une proportion légèrement plus forte que les hommes : 52 % *versus* 47 %). Et ce point de (quasi) non-retour affecte plus largement les catégories socio-professionnelles les plus pauvres : 64 % des femmes et des hommes percevant moins de 900 € par mois ont eu envie de quitter leur conjoint·e après la naissance de leur enfant.

Que ce soit pour sauver les apparences, entretenir l'espoir de jours meilleurs, pour ne pas être jugées, ou même juste pour ne pas s'attirer les foudres de leur conjoint, les femmes se confient peu sur les difficultés de couple qu'elles traversent, ou alors à demi-mot, en anonyme ou dans des groupes privés sur les réseaux sociaux et les forums. Et lorsqu'elles le font ouvertement, c'est peut-être déjà que la coupe est bien trop pleine.

Chaises musicales dans la fratrie : entre charge émotionnelle et charge mentale

Si les médias parlent beaucoup de la séparation d'avec bébé lors de la reprise, ils occultent complètement le reste de la famille. Or, quand fratrie il y a, il y a aussi un phénomène de séparation, du moins de distanciation, avec les autres enfants lorsque la mère reprend. En congé maternité, et même si le ou les grands étaient à l'école ou à la crèche, la mère avait la possibilité de venir les chercher tôt, de les accompagner au parc et/ou à leurs activités extrascolaires ; bref, de leur consacrer beaucoup plus de temps que lorsqu'elle travaillait.

Avec la reprise, la disponibilité de la mère diminue pour tout le monde : le temps est compté, et la cadence est quasi militaire pour enchaîner les routines du matin et du soir des enfants – où on enchaîne d'une traite douche-repas-couche-habillage-brossage de dents, dans un sens ou dans un autre, mais toujours en *speed.* Les temps de partage parent-enfant ne sont plus aussi fréquents ni aussi longs que lors du congé maternité. Ils le sont d'autant moins dans les familles monoparentales, ou quand les tâches parentales incombent à un seul parent, parce que le coparent rentre tard, est en déplacement ou ne s'implique pas du tout : ces fameux « tunnels » du soir, avec leurs pics émotionnels et cette ambivalence d'avoir autant hâte de retrouver les enfants que de les coucher, ce sont les mères qui les assument à 67 %, contre 39 % des pères[61].

Or c'est naturellement durant ces temps que les enfants sont très en demande, puisque, en semaine, ce sont leurs seuls moments avec leurs parents. Et pour une mère qui s'est habituée durant le congé maternité à être très libre pour ses enfants, la transition peut être difficile sur le plan émotionnel, puisque s'ajoute une surcouche de culpabilité liée au fait de ne pouvoir répondre à toutes les sollicitations de tous ses enfants.

Moi-même, j'ai trouvé déchirant de ne pouvoir me dédoubler pour répondre aux besoins d'attention de mes enfants, alors que je m'étais toujours imaginée équitable et disponible pour eux. Mais la réalité est qu'il a fallu, pour tenir le rythme des horaires à respecter, se « partager » les enfants avec mon conjoint.

Concrètement, après une journée intense de travail, il s'agit de faire face à plusieurs tornades d'âges variés – souvent elles-mêmes très fatiguées de leur journée – qui crient ou appellent « maman » toutes les 30 secondes et refusent de suivre la fichue routine que vous tentez de mettre en place. Vous auriez bien envie de fuir aux toilettes[62] pour échapper à ce vacarme, mais comme il faut malgré tout les coucher à une heure décente, vous allez devoir faire preuve d'autorité et/ou user de stratagèmes pour les calmer… Lequel des gremlins risque alors de se sentir le plus lésé dans son besoin d'attention ? L'aîné·e, à qui souvent on demandera le plus d'efforts pour se calmer seul·e, ce qui peut être mal vécu, voire être perçu comme une injustice – et qui, de fait, constitue une entrave au contrat tacite qui permet à l'enfant de rester un enfant.

« On attend de l'aîné une attitude de grand, d'exemple pour les plus petits, parfois une autonomie trop rapide », explique Camille Rochet, psychologue du couple et de la famille[63]. Car la naissance d'un nouvel enfant entraîne un jeu de chaises musicales dans la fratrie. Perdre sa place de « petit » peut être difficile, surtout si la contrepartie demandée par les parents consiste à endosser une responsabilité et une exemplarité nouvelles vis-à-vis du nouveau-né (et, par conséquent, à oublier que l'on est aussi « petit »)… Tout cela est d'autant plus dur à vivre que les enfants font ressentir leur manque d'attention sous diverses formes, sans forcément le conscientiser ni le verbaliser. Enfants comme parents doivent alors composer avec des colères, des crises, des évitements, un sommeil perturbé, qui éprouvent émotionnellement tout le monde et placent le curseur de la culpabilité maternelle au plus haut. Et là encore, comme pour les tensions dans le couple, le tabou est tenace : difficile d'en parler autour de soi, ce serait avouer qu'on n'est peut-être pas aussi parfaite que la société nous somme de l'être.

Un chamboulement professionnel

Breaking news : à la reprise, les préoccupations des femmes sont aussi d'ordre professionnel. Et la première d'entre elles, qui traverse l'esprit d'une majorité de femmes en retour de congé, à des degrés divers selon les contextes, englobe tout à la fois les notions de perception et de confiance en soi, de légitimité, de performance, de productivité, et pourrait se résumer à la question : « Serai-je à la hauteur ? »

« Serai-je à la hauteur ? »

« Serai-je à la hauteur des attentes de mon employeur ? », « Arriverai-je à concilier mes contraintes familiales et professionnelles ? », « Serai-je suffisamment efficace pour pouvoir être à l'heure à la crèche ? », « Vais-je arriver à tenir le rythme ? », « Ai-je l'énergie nécessaire pour mener carrière et famille de front ? », « Comment montrer que je suis restée une super pro même si je dois partir plus tôt le soir ? »

Difficile de ne pas se poser ces questions, à moins d'avoir une armure archisolide et déconstruite, lorsqu'on revient dans le monde du travail après au minimum 16 semaines d'absence.

Durant cette absence, il peut s'être passé plein de choses dans son environnement professionnel, dans l'actualité de son métier et de son poste, ou même dans les outils du quotidien au travail. Cela a été particulièrement le cas ces dernières années, la crise sanitaire du Covid ayant eu un impact majeur sur certaines mutations du travail, le télétravail ayant accéléré la digitalisation des organisations. Les femmes qui ont fait leur reprise à ce moment-là ont dû déployer des efforts considérables d'adaptation et d'assimilation de nouvelles pratiques. Plusieurs femmes m'en ont fait part, à commencer par Julie, 32 ans, qui a dû apprendre seule, sans accompagnement, à s'acculturer à des outils de travail qui n'existaient pas avant son congé, en même temps qu'elle devait s'insérer dans une nouvelle entreprise après 18 mois de congé :

> Ça a été hyper dur parce qu'en 18 mois le Covid est passé, donc il y avait des manières de faire qui avaient changé. Tout passait par Teams : le tchat par Teams, des groupes de discussion sur Teams, toutes les réunions sur Teams… Je ne comprenais rien parce que moi j'avais Slack avant, je n'étais pas du tout habituée à ça[64].

Carole, 34 ans, à l'époque assistante comptable, a également fait l'expérience de multiples évolutions dans son quotidien professionnel au retour de congé maternité, sans bénéficier pour autant d'un accueil circonstancié pour lui expliquer, pas à pas, tout ce qui avait changé :

> Après mon troisième enfant, quand je suis revenue de congé maternité[65], ça a été compliqué. C'est une entreprise qui va très, très vite et qui avait énormément évolué pendant mon congé maternité. Quand je suis revenue, les murs avaient été poussés. Énormément de collaborateurs avaient été recrutés et j'ai eu l'impression d'arriver dans une nouvelle entreprise. Donc déjà, l'environnement était stressant pour une reprise, et puis les tâches étaient différentes : il m'a fallu une vraie réadaptation[66].

Une réadaptation à prendre en charge seule, puisqu'on est censée déjà connaître l'entreprise et son fonctionnement. Sauf que si les collègues, les équipes, les objectifs et les outils ne sont plus les mêmes, on peut parler d'un changement de poste : hélas, ce qui est souvent naturellement mis en place pour un nouveau collaborateur l'est rarement pour une mère de retour de congé maternité. Il semble dès lors ahurissant qu'un processus de ré-onboarding ne soit pas systématisé, dans des délais identiques à ceux prévus pour accueillir de nouveaux employés, pour les retours de congés longs. Mais cela induirait de porter une attention particulière aux mères actives, ce qui est la dernière priorité dans la plupart des boîtes.

Cette double peine favorise le sentiment de sous-performer, au travail comme à la maison, et de ne pas, justement, être « à la hauteur ». Au-delà de cette nécessité de mise à jour liée à toute absence longue, la reprise a ceci de spécifique que la fatigue, le manque de sommeil, la charge mentale et l'hypersensibilité qui parfois en découle peuvent faire douter les nouvelles mères de leur capacité à relever les défis de la reprise : vont-elles arriver à donner le meilleur d'elles-mêmes, ou *a minima* à faire bonne figure, face aux collègues et aux managers ? Vont-elles se faire (voire survivre) à cette course contre la montre et à ce rythme intense qu'est l'articulation travail/famille ?

Le mommy brain *:* *un autre défi à surmonter*

Ces préoccupations amènent les nouvelles mères à se questionner sur leurs capacités organisationnelles et physiques, comme sur leurs capacités cognitives car, depuis la grossesse, certaines traversent sans trop comprendre les effets du *brain fog* (« brouillard cérébral »), ce sentiment déstabilisant de ne pas avoir les idées très claires ou d'avoir constamment la tête ailleurs, comme si le cerveau était au ralenti, entraînant un manque de concentration et des pertes de mémoire bien trop récurrentes pour que cela n'entache pas une estime de soi déjà assez entamée. Judith, 37 ans, que j'ai interrogée pour ce livre, me racontait que, durant les semaines qui ont suivi sa reprise, elle oubliait, un à un, tous ses rendez-vous de travail, nourrissant le cercle vicieux du stress :

> J'ai raté une dizaine de réunions de travail, tant mon cerveau tentait de se focaliser sur le traitement de mes tâches. Le résultat était que mon stress ne faisait qu'augmenter, que je me sentais nulle et pas fiable vis-à-vis de mes collègues et de ma manager, alors même que j'avais l'impression de devoir faire encore plus mes preuves qu'avant et montrer que mon travail comptait plus encore que mon enfant.

> Une fois la pression relâchée, j'ai retrouvé mes bons réflexes, mais au prix d'une reprise qui a été très difficile.

Dans une société où le culte de la performance est roi, ces troubles de mémoire et ces doutes sont très perturbants à la reprise, accentués par une image des mères au travail peu valorisée. Dès lors, comme Judith, elles se sentent sous une pression telle qu'elles pensent devoir prouver qu'elles préfèrent leur travail à leur enfant.

Le *mommy brain* est un phénomène aussi courant que biologique (également nommé « *momnesia* », amnésie maternelle) et n'est ni un mythe, ni une réalité isolée : lors d'une étude australienne, 4 femmes sur 5 ont signalé des pertes de mémoire, de concentration, d'attention, et se sont senties plus aisément distraites dans les mois qui ont suivi leur accouchement[67]. En effet, les études ont démontré que leur cerveau se transformait avec la maternité, et ce dès la grossesse, particulièrement lors du dernier trimestre. Bien qu'on parle surtout des mères hébétées par leurs hormones (on ne perd pas une occasion de stigmatiser les femmes), cela concerne les parents au sens large, tous genres confondus : selon une étude de l'université d'Oxford[68], ce phénomène touche aussi les hommes, qui voient aussi leurs capacités cognitives évoluer en devenant pères. Pour eux également, cet état temporaire vise à construire le lien affectif avec leur nourrisson. Comme l'explique notamment Jodi Pawluski[69], neuroscientifique référente sur le sujet, ce sont des changements normaux, importants et essentiels pour nous aider à garder nos bébés vivants et qui s'apparentent, selon elle, à « quelque chose de positif » grâce auquel les zones dédiées aux comportements sociaux diminuent au profit de celles engagées dans la fonction d'attachement en jeu dans l'amour parental. Rassurons-nous donc : le « brouillard cérébral » est ponctuel et ne remet pas en question les capacités intellectuelles des nouveaux parents.

Une étude publiée par le journal scientifique de référence *Nature* en 1999 démontrait même que la maternité rendrait les femmes plus intelligentes après l'accouchement, améliorant leur mémoire et leurs capacités d'apprentissage[70] et les aidant à fixer leur énergie sur l'essentiel et à « ignorer les choses qu'elles doivent ignorer[71] ». Dans le monde du travail, on appelle ça « prendre de la hauteur » et c'est une compétence particulièrement recherchée et bénéfique pour les postes à responsabilités… Dans un entretien effectué pour ce livre, Sophie, 47 ans, directrice de la communication, m'expliquait les effets positifs de ce changement cognitif au travail (dans une équipe qui, visiblement, était également bienveillante, ce qui fait aussi toute la différence) :

> Alors que mon caractère naturel est plutôt anxieux, à ma reprise, j'ai eu des retours de la part de certains membres de l'équipe et de ma boss, qui trouvaient que j'avais acquis une capacité à être plus cool. Ça changeait mes modalités relationnelles, et ça avait des effets bénéfiques visibles dans ma manière de mener à bien mes missions.

La vérité biologique étant établie sur le *mommy brain*, il s'agit malgré tout de prendre en compte tout ce qui ne relève pas directement de son évolution endogène, mais qui peut nourrir fortement le brouillard dans lequel de nombreuses mères ont l'impression d'évoluer à leur reprise : la fatigue, le manque de sommeil, le stress du nouveau rythme travail/famille et de la réintégration professionnelle, le tirage de lait si elles poursuivent l'allaitement, la charge mentale décuplée, le baby-clash lorsqu'il a lieu et, pour couronner notre affaire, les remarques sournoises et sexistes au travail.

Ces troubles de l'attention peuvent saper la confiance avec laquelle certaines mères appréhendent leur reprise, tant les injonctions à la performance et à la productivité sont quotidiennes[72] et tant le monde du travail manque d'égards et de bienveillance à l'égard de la parentalité.

« Vais-je perdre ma place ? »

« Vais-je bien retrouver mon poste et mes projets ? », « Vais-je être écartée des meilleurs projets/déplacements ? », « Va-t-on me reprocher de partir plus tôt pour la crèche ? »...

On connaît toutes une mère – une proche, une voisine, une collègue ou même une manager – qui s'est pris une claque à son retour de congé maternité, parfois de manière totalement inattendue et alors même qu'elle faisait partie des meilleurs éléments de son entreprise. On sait que ce n'est pas une légende urbaine.

Et cette peur est d'autant moins irrationnelle quand, dès la grossesse et/ou dès les tout premiers jours de reprise, l'employeur envoie des signaux ambivalents, voire carrément douteux, oppressants ou illégaux, quant à sa vision de la maternité dans le cadre du travail, mettant la jeune mère dans des angoisses parfois insoutenables, surtout quand l'envie de retravailler est forte.

Il convient ici de rappeler quelques chiffres glanés dans le guide du Parental Challenge[73] pour étayer mon propos : 1 femme discriminée au travail sur 4 l'a été en raison d'une grossesse ou de sa maternité[74] ; les femmes actives de 18 à 44 ans enceintes ou mères d'un enfant en bas âge ont été deux fois plus la cible de discriminations que les autres[75] et plus de 1 Français·e sur 3 a été victime de discrimination au retour d'un congé longue durée[76].

Les propos d'Anne-Laure, 36 ans, *visual merchandiser* et créatrice d'une marque de mode upcyclée, recoupent ces chiffres alarmants :

> C'était assez violent. D'un coup, j'ai été écartée de certains projets et j'ai dû refaire mes preuves pour retrouver ma place. Faut dire aussi que mon boss n'avait pas très bien vécu l'annonce de ma grossesse. Quand je suis allée dans son bureau pour lui dire que j'étais enceinte, il s'est pris la tête dans les mains, il s'est tapé la tête sur son bureau et a dit : « Mais non, mais pourquoi tu me fais ça ? » [...] En fait, c'était annonciateur de ce qui allait arriver. C'était annonciateur que, forcément, lui allait être dans un souci de rentabilité, de remplacements, de projets. Et que moi, de toute façon, si je décidais de partir [faire un enfant], c'est que je renonçais [à mon travail] d'une certaine manière[77].

Camille, 35 ans, enseignante en école d'art, a également été victime de discriminations graves, ne retrouvant pas le poste qu'elle occupait depuis neuf ans à son retour de congé maternité, après un post-partum compliqué qui avait nécessité une hospitalisation d'urgence :

> J'avais très envie de reprendre. J'ai même travaillé pendant mon congé maternité, parce que ça me sortait du quotidien et de la douleur de mon post-partum. Et aussi parce que j'avais plein d'angoisses sur les projections qu'on pouvait faire sur moi. J'avais très peur d'entrer dans une autre catégorie : celle des mères à qui on ne parle que de leurs enfants. Aussi parce que c'est quelque chose que j'ai vu dans mon milieu professionnel, l'art contemporain. Les artistes-mères ont toutes entendu des réflexions sur leur maternité du genre : « Ah, tu ne veux pas réussir ? » [...] Et j'ai fait la douloureuse expérience de ne pas retrouver mon poste après mon congé maternité. Mon ancien directeur m'a dit : « On va ouvrir ton poste au concours. » Et donc j'ai repassé un concours auprès de mes anciens employeurs, ce qui était très humiliant[78].

La peur de perdre sa place, d'être mise au placard, voire d'être poussée à la démission, est ainsi l'autre préoccupation majeure de la reprise sur le plan professionnel. Cette angoisse est d'autant plus forte chez les mères célibataires, qui n'ont que leur salaire pour subvenir aux besoins du foyer et couvrir les frais de garde.

La reprise est alors le moment où l'on se dit, à tort ou à raison, que l'on n'est peut-être plus tout à fait libre de faire ce que l'on veut. Tout comme on s'aperçoit qu'*a contrario* les hommes ne semblent pas perdre autant de liberté ni de perspectives d'évolution quand ils deviennent pères. Ces constats sont brutaux, et ouvrent les yeux de nombreuses femmes sur les injustices sexistes et les logiques patriarcales que le système leur inflige en les prenant par surprise, après des années où elles se sentaient plutôt épargnées. Dans un article de *Slate*[79] consacré à l'inégal partage des tâches au sein des couples hétérosexuels, une femme faisait part de son expérience, disant combien sa reprise avait été « hyper violente » parce que le système « nous remet dans des rôles [traditionnels] ». À mon micro, Anne-Laure rendait compte, de manière explicite, de ce qu'elle avait ressenti et du poids politique que tout cela avait représenté :

> C'est [lors de ma reprise] que j'ai vraiment compris ce qu'était le système patriarcal : il fait que, quand tu es une femme, tout est forcément plus difficile ; quand tu es une femme qui devient mère, c'est très violent[80].

Et quand les femmes subissent les conséquences de ce sexisme à leur reprise en étant mises au placard, pas promues, harcelées et/ou poussées vers la sortie parce qu'elles sont considérées comme « moins motivées » qu'avant leur maternité – l'argument discriminant qui revient le plus souvent dans les témoignages reçus –, elles peuvent alors plonger dans une crise identitaire majeure.

Anaïs, 32 ans, basée à Aix, me parlait des reproches et des discriminations dont elle avait été victime au travail, alors qu'elle occupait des fonctions à responsabilités dans un lieu qu'elle qualifiait de « très politique » :

> Pendant toute la période où j'étais arrêtée et alitée, je me suis dit : « Je vis dans une angoisse constante et permanente. Je ne peux pas retourner dans ce boulot-là. » C'est l'arrivée d'Iris qui a dérangé dans l'entreprise. J'ai subi une grosse discrimination de la part de ma manager à l'époque. Elle m'a fait beaucoup culpabiliser d'être enceinte. Elle me l'a beaucoup reproché

verbalement, et le disait aux autres aussi. Dès le début de grossesse[81].

Sa grossesse compliquée l'avait conduite à être arrêtée très tôt et à constater que son entreprise ne pratiquait pas le maintien de salaire[82], ce qui, par la grâce conjointe du manque de protection institutionnelle[83] et des discriminations d'entreprise, l'avait énormément précarisée puisqu'elle n'a perçu que la moitié de son salaire brut dès son cinquième mois de grossesse.

Carole, non contente d'avoir dû faire une grosse réadaptation à sa reprise – son entreprise ainsi que son poste ayant fortement évolué – a également vécu une descente aux enfers :

> Il y avait une pression énorme, des attentes énormes. Les mois passant, j'avais du mal à trouver ma place. Je commençais à très mal vivre cette situation. On peut mettre des mots sur ce mal-être : burn-out. Ça descendait doucement jusqu'aux enfers. Et à un moment donné, il faut dire stop avant que ce soit trop difficile de remonter la pente[84].

Dans ces conditions, les femmes se trouvent poussées à bout, perdent confiance en elles et en leurs capacités, et n'ont d'autre choix que de dire stop, malgré elles. C'est ce qui s'est passé pour une habitante de mon quartier, mère célibataire de jumeaux qui, au bout d'un an de reprise et d'épuisement à devoir tout gérer seule, s'est littéralement effondrée dans les couloirs du métro. Pour sauver sa peau, elle n'a pas eu d'autre choix que de s'arrêter de travailler, malgré la précarité et les tourments dans lesquels cette situation la plonge aujourd'hui, financièrement et professionnellement parlant.

Si la maltraitance au travail est déjà difficile à vivre chez tout un chacun, le chamboulement est total quand cela se produit durant cette période de vulnérabilité et de transition qu'est la reprise post-partum : « Qui suis-je si je n'ai plus ce poste/ce métier qui me définit ? » L'avocat du travail Luc Kirkyacharian, qui accompagne depuis plus de quarante ans des femmes dans leurs procédures liées à des discriminations post-reprise, parle ainsi de « blessures identitaires » :

> C'est catastrophique sur le plan psychologique. Sur le plan humain, ça amène des souffrances incroyables. Parce que le travail, c'est identitaire, c'est ce qui fait qu'on s'aime un peu. Ces situations de mise au placard, c'est nécessairement la perte de l'estime de soi[85].

L'injustice étant liée à la maternité, soit une donnée extérieure à leurs qualités professionnelles, c'est tout le système de croyances, de valeurs et d'implication sur lequel ces femmes se sont construites jusqu'alors qui s'écroule, et avec lui leur confiance en soi. Céline, 40 ans et alors directrice marketing, qui s'était construite dans le perfectionnisme et l'acharnement au travail, racontait dans le podcast *En Crise* la perte totale de confiance en elle et d'équilibre que ses conditions de reprise avaient engendrée :

> À la rentrée, j'ai ressenti cette mise au placard. Comme si on m'en voulait d'être maman, comme si je n'avais plus ma place. Ça a été des détails, des non-dits, mais des phrases quand même qu'on dit lors d'une réunion, comme « Tu commences à être démotivée ». J'ai encaissé ce qu'on me disait. […] Et là, pour la première fois, je n'y arrivais plus. Je n'en dormais plus la nuit. La première de la classe était en train d'aller droit dans le mur[86].

Bien sûr – et heureusement –, toutes les reprises ne se déroulent pas avec une épée de Damoclès au-dessus de la tête. Mais les témoignages en ce sens sont tellement nombreux que ces retours difficiles sont le reflet d'une culture du travail où la parentalité a globalement peu, voire pas, sa place et où les mères sont mal considérées, notamment parce que la société pense qu'elles ne sont plus impliquées dans leur travail « comme avant ».

L'arnaque du « comme avant »

Une phrase revient souvent dans la bouche des femmes qui se confient sur les difficultés à concilier le travail et la vie de famille : « On nous demande de travailler comme si on n'avait pas d'enfant et d'élever nos enfants comme si on n'avait pas de travail ». Derrière cet adage, c'est tout le poids du « comme avant » qui pèse dans l'imaginaire et les attendus lors de la reprise. Car qu'est-ce que « travailler comme si on n'avait pas d'enfants », si ce n'est le retour à la situation d'avant le congé maternité et d'avant même la grossesse, quand on avait moins de contraintes personnelles et la possibilité de multiplier les heures supplémentaires ?

Une belle arnaque donc que ce « comme avant », surtout quand la reprise ne se passe pas comme prévu. La chute peut alors être non seulement brutale, mais aussi extrêmement culpabilisante : si les femmes ne sont pas « comme avant », se seraient-elles « perdues » avec la maternité ? C'est comme si la société disait aux femmes : « Merci de faire des bébés pour renouveler l'espèce, mais que cela ne change en rien le cours de votre vie et de vos priorités ! » C'est aussi illogique qu'irréaliste et injuste.

Et cette injonction au déni peut être intégrée dès la grossesse : c'est ce qui s'opère lorsque les femmes enceintes se font la promesse solennelle de ne surtout pas changer avec la maternité, moi la première – une ancienne collègue me l'a récemment rappelé avec un petit sourire en coin –, quitte à culpabiliser ensuite de voir leurs besoins, leurs envies et leur identité évoluer, avant de s'apercevoir que cette injonction à ne pas changer est en réalité patriarcale, et mène précisément au tabou : celui de ne surtout pas évoquer sa situation familiale au travail, de jeter un voile sur toute une partie de son identité et de sa vie pour correspondre parfaitement au « travailler comme si on n'avait pas d'enfants »… et éviter ainsi toute potentielle discrimination. Une posture d'autodéfense, en somme, comme réponse inconsciente à l'hostilité du monde du travail envers les mères.

Le calvaire organisationnel : qui va s'occuper des enfants[87] ?

> *Tout à coup, je retrouve des horaires. Et là, la course démarre. Ce que je n'avais pas connu les derniers mois, je me le prends en pleine face. Déposer à la crèche, aller chercher à la crèche... Je ne savais pas ce que c'était que d'avoir des horaires de crèche et des horaires de boulot. Et là, il faut concilier les deux. Et, pfiou, c'est un tunnel sans fin... Et les maladies de la crèche !!! Maladies qui n'ont jamais cessé jusqu'à aujourd'hui. Là, on est sur du solide aussi en termes de fatigue et de charges*[88].
>
> Anne, 36 ans, mariée et mère de deux enfants de 2 ans et 7 mois, chargée de communication dans une grande entreprise de divertissement

Le défi majeur que pose la reprise à tout parent est celui de concilier les horaires de travail et ceux de garde... alors même qu'ils sont souvent peu compatibles.

Prenons l'exemple d'un·e salarié·e de bureau à Paris, où la plupart des crèches municipales ferment leurs portes à 18 h 30[89]. Sachant que la durée moyenne de transport domicile-travail des Parisien·ne·s est de 31 minutes[90], le parent salarié doit donc partir de son travail vers 17 h 45 pour aller chercher son enfant à temps… au risque de se faire mal voir dans son entreprise, puisque la culture du présentéisme est telle que 1 Français·e sur 3 n'ose pas quitter le bureau avant 18 heures[91]. L'exemple donné ici se limite aux personnes vivant ET travaillant intra-muros à des horaires de bureau classiques ; pour les gens qui vivent en banlieue sud et travaillent en banlieue nord, les 31 minutes de trajet peuvent vite se muer en longues heures de transport, exigeant des acrobaties entre parents pour se répartir qui dépose l'enfant le matin et qui le récupère le soir, induisant des levers aux aurores pour les un·e·s et des départs (très) anticipés du travail pour les autres. Ajoutons dans l'équation d'autres enfants à déposer et à chercher quotidiennement, vous voilà face à un casse-tête logistique qu'il vous revient de résoudre discrètement et en solo. Aucune profession n'y échappe, que l'on travaille en bureau, à l'usine, dans la vente, l'artisanat, le soin ou l'enseignement : il faut négocier des horaires différents de ceux auxquels on a habitué son employeur, se stigmatiser vis-à-vis de lui et s'isoler des collègues qui continuent de travailler « normalement » ou qui sortent boire un verre après le travail.

Pire, cela exclut aussi des réunions qui se tiennent le soir et durant lesquelles d'importantes décisions peuvent être prises, provoquant un hiatus dans la perception de l'investissement professionnel des salarié·e·s qui ont eu l'outrecuidance de ne pas pouvoir s'y rendre, juste parce que leur gamin doit être récupéré. Les répercussions sont fortes sur les évolutions de carrière : si les réunions stratégiques se tiennent tard, ou si globalement l'entreprise a le sentiment que l'employé·e fait passer ses obligations familiales (visiblement méprisables) avant ses ambitions professionnelles, comment envisager une promotion pour un·e salarié·e parent ?

Tout cela se traduit par une pression complexe à résoudre, à moins que l'entreprise ne la prenne au sérieux : 77 % des femmes et 68 % des hommes jugent que la parentalité est insuffisamment prise en compte dans l'organisation du temps et des lieux de travail, et la principale situation où cela se manifeste, selon les femmes comme les hommes, est… la planification des réunions[92]. Quoi qu'il en soit, l'organisation est si difficile, si peu relayée au foyer et si peu reconnue que le syndrome de l'imposteur émerge, lui, facilement : un quart des femmes reconnaissent avoir déjà refusé une promotion professionnelle en raison des problèmes d'organisation et de garde d'enfants qu'elles craignaient de ne plus pouvoir gérer[93].

Les nouveaux parents passent donc leur temps à courir pour être à l'heure, tout retard pouvant être préjudiciable, au travail comme à la crèche – certaines structures d'accueil vont même jusqu'à brandir la menace d'expulsion de l'enfant en cas de retards répétitifs.

Dans cet emploi du temps presque militaire, outre le travail, il faut aussi arriver à caser tout ce qui relève des tâches domestiques et parentales quotidiennes de base : le ménage, les courses et la cuisine, d'une part, et les besoins en constante évolution du bébé – et des enfants lorsqu'il y en a plusieurs –, d'autre part. Des besoins aussi prenants que sans cesse renouvelés, notamment la première année : diversification alimentaire à mettre en place, taille de vêtements à changer tous les trois mois *a minima*, couches à racheter sans cesse, etc.

Et bien souvent, c'est aux mères que revient le défi d'articuler tous ces impératifs de la manière la plus fluide possible, y compris lorsque surviennent des imprévus pénalisant la garde habituelle. Crèche en grève, assistante maternelle ou enfant malade, ce sont elles qui, dans 64 % des cas, trouvent seules une solution de garde temporaire, contre seulement 7 % des hommes, le reste du pourcentage concernant les couples hétérosexuels qui partagent cette tâche à égalité[94]. Et le plus fréquemment, ce sont les femmes qui sacrifient leur journée de travail, s'en absentant dans la précipitation, pour assurer l'intérim le temps que l'enfant se rétablisse ou que la garde classique reprenne : dans les couples hétérosexuels, selon une étude de 2009 (la plus récente que j'ai trouvée… à croire que le sujet ne passionne pas les foules), la moitié des femmes actives déclarent ainsi garder elles-mêmes leur enfant lorsque la garde habituelle fait faux bond[95], contre seulement 6 % des hommes. Un problème ponctuel de garde d'enfant générerait en moyenne près de 4 heures d'inefficacité au travail (appels à la nounou/au médecin/au coparent, interruption de travail, etc.)[96].

Une situation d'autant plus pénible à la reprise que les problèmes de garde peuvent ne pas être si « ponctuels », dans la mesure où cette période correspond au moment où les bébés, jusqu'alors préservés au sein du foyer, développent leurs premières maladies infantiles au contact de leurs petits camarades de garde…

Toutes ces réalités du quotidien avec enfant(s) sont autant de grains de sable qui viennent perturber, voire gripper (dans tous les sens du terme), l'organisation que les femmes mettent en place pour leur reprise, leur demandant d'être aussi souples que réactives, alors même que leur « équilibre » pro/perso est encore très précaire.

Quand la maternité questionne notre rapport au travail

Ce qui se joue durant cette période de la reprise, c'est une révélation des incohérences ou des insatisfactions au travail[97].

Mathilde Bouychou,
psychologue

De manière générale, et même lorsque les conditions de reprise sont plutôt bonnes, le fait de devenir parent pousse à questionner et à envisager autrement beaucoup de pans de sa vie et de son identité. Le rapport au travail et au sens de ce dernier fait partie de ces questionnements existentiels, parfois dès la grossesse, et encore plus particulièrement au moment et/ou en fonction de la reprise, avec une mise en action plus ou moins rapide selon le contexte financier et familial.

Toutes les femmes n'ont pas le « luxe » de creuser ces questionnements professionnels avant d'avoir atteint une certaine stabilité familiale et émotionnelle, quitte à ronger leur frein pendant quelques années. Et surtout, le contexte financier et/ou familial ne laisse parfois aucune possibilité de se permettre une remise en question professionnelle dès la reprise. C'est notamment le cas des mères solos en situation de précarité[98], pour qui obtenir un salaire et articuler leur vie professionnelle et leurs impératifs parentaux est déjà un combat quotidien bien trop exténuant pour qu'elles aient le temps de repenser leur rapport au travail. Elia, 31 ans, professeure, a vécu les deux modèles : d'abord mère séparée avec son enfant à charge, elle s'est mise en pilotage automatique pour assurer le nécessaire à sa fille, puis après une nouvelle union ayant débouché sur une autre naissance, la réflexion professionnelle a pu avoir lieu, du fait de bien meilleures conditions matérielles :

> Pour ma première fille, après ma séparation, le travail, c'était la seule chose qui me restait de « normal ». Je ne me suis jamais dit : « Est-ce que c'est difficile ou pas difficile ? Est-ce que je suis contente ou pas ? » Je me disais juste : « C'est ce qu'il faut faire. » Il faut qu'elle mange le soir, il faut qu'elle mange le matin, il faut qu'elle ait un endroit à elle pour grandir. Donc on y va. Pour ma deuxième, au contraire [et alors que les conditions sont bien meilleures

> puisqu'elle est en couple et titularisée], je me pose beaucoup de questions[99].

La crise sanitaire du Covid-19 a catalysé un besoin de sens, de cohérence avec ses valeurs et sa vie, ainsi que de dignité au travail, dans des proportions inédites. Aurélie Gonnet, sociologue du travail, expliquait dans un article de *Welcome to the Jungle* :

> Lorsque l'on vit à un rythme effréné, le fait de faire une pause engendre inévitablement des constats et des questionnements nouveaux. La pandémie nous a donné le temps de réfléchir à nos quotidiens rythmés essentiellement par le travail. Cette crise en particulier a également mis en avant la question de l'utilité sociale des métiers[100].

La reprise peut aisément s'apparenter au phénomène que le monde a connu avec la crise pandémique, amenant à reconsidérer sa relation au travail – à son poste, à son métier, à son employeur ou à son secteur professionnel – au regard des nouvelles priorités que la maternité peut mettre en évidence et du sentiment que, quoi qu'il arrive, on est, une fois mère, le vilain petit canard de l'entreprise. Dans ces conditions, la notion même de réussite peut être repensée au bénéfice d'une meilleure adéquation pro/perso et de sa santé mentale, les caprices de la hiérarchie devenant plus difficilement acceptables, mais dans le même temps, plus que jamais, il est indispensable de gagner sa vie pour assurer sa propre indépendance au sein du couple et le confort nécessaire à sa progéniture.

Le champ des questionnements est large et peut prendre les femmes au dépourvu, tant la remise en question est parfois profonde ou déstabilisante. Ainsi témoignait Marie, 31 ans, poussée au burn-out au travail, et ayant opéré plusieurs reconversions, d'infirmière à doula puis de nouveau à infirmière :

> J'étais persuadée que je n'aurais qu'une hâte, celle de reprendre le travail. Mais je me suis pris une claque avec la naissance de mon fils. Ça a changé ma vision de beaucoup de choses, et du travail principalement[101].

Tout cela s'applique aussi aux indépendantes, de manière un peu différente, bien sûr, puisqu'il n'y a pas d'employeur en face. Néanmoins, le nouveau rapport au temps qu'implique la reprise du travail, couplé aux nouvelles priorités parentales, peut aussi amener celles qui sont à leur compte à réévaluer leurs besoins et leurs envies professionnelles, jusqu'à parfois remettre en question leur statut d'indépendante pour aller vers la stabilité et le confort d'un poste ou, *a contrario*, confirmer leur impératif de libre arbitre dans la gestion de leurs temps.

Il est intéressant d'observer que le fruit de cette réflexion peut être salutaire, ouvrant aussi la voie à des décisions libres pour une vie professionnelle plus épanouissante à tous les points de vue. Grace Ly, autrice, militante et créatrice du podcast *Kiffe ta race*, me faisait part du bouleversement qu'elle avait vécu et de ses répercussions sur ses choix professionnels, l'amenant à quitter le salariat pour se consacrer à la création militante :

> Pour moi, professionnellement, il y a un avant et un après la maternité. Mes enfants ont fait de moi une mère et ont bouleversé mon existence. Je n'ai plus pu faire ce que je faisais avant, c'est-à-dire la fuite en avant, remplir mes journées de vide. En fait, je ne voulais pas, je ne pouvais pas me dire : « C'est ça que je transmets à mon enfant : la fuite et le vide. » Et ça, réfléchir sur moi, réellement, c'était la première fois de ma vie que je le faisais vraiment. En réalité, ça a été une bénédiction pour moi d'avoir eu ce moment dans ma vie pour me demander : « Qu'est-ce que t'as envie de

faire ? » et « Qu'est-ce que tu voudrais dire à tes enfants plus tard ? »[102].

Ce choix de reconversion professionnelle a même été, pour elle, celui d'une réconciliation identitaire :

> J'ai commencé à m'intéresser à l'écriture, et donc à m'intéresser aussi à qui je suis réellement, c'est-à-dire à l'héritage culturel dans lequel j'ai toujours vécu et le fait que j'ai pris conscience que j'étais clairement dans le déni, dans une sorte de rejet total de qui j'étais. Et tout ce que je faisais dans mon monde, à mon bureau, c'était que j'essayais d'être la plus lisse possible. Donc c'est ça ce que ça m'a permis : j'ai pu me reconnecter avec l'héritage culturel qui est en bataille en moi[103].

Lorsque les insatisfactions ou les doutes préexistent à la reprise, voire à la grossesse, la maternité et la déconnexion liée au congé agissent comme un déclic pour prendre des décisions fortes. À la naissance de son enfant, Déborah, 37 ans, alors chargée de plaidoyer dans une ONG, a ainsi éprouvé le besoin impérieux de reprendre ses études plutôt que de retourner à son poste, qui ne la satisfaisait plus :

> Je pense que c'était déjà là, la lassitude s'était installée. Ça s'est précisé avec la grossesse, où je me disais : « Après mon congé maternité, je ne vais pas avoir envie de retourner au travail. » J'étais restée frustrée par mes études, j'avais l'impression qu'elles ne m'avaient rien appris. Et j'avais envie de connaître le milieu de l'université[104].

Pour Sita, 35 ans, c'est l'expérience de la PMA, puis les difficultés à trouver une garde d'enfants qui ont été déterminantes. Savoir qu'elle n'aurait qu'un enfant, puis prolonger sa garde faute d'alternative lui a donné l'occasion de s'autoriser à mettre en œuvre son désir profond – devenir entrepreneuse :

> Je savais que je voulais monter une boîte depuis l'âge de 18 ans, mais je n'avais pas encore trouvé l'occasion, ni le courage, ni le créneau. Et tous ces mois de solitude, de remise en question [depuis la PMA jusqu'à la fin du congé parental] m'ont fait revenir à cette idée d'origine, d'avoir mon truc à moi, mon rythme, de faire mes choix[105].

Ève Simonet, 27 ans, a quant à elle abordé sa reprise comme une bouffée d'air dans un post-partum très dur, en espérant retrouver la « facilité » de la (fameuse) vie d'avant. Mais rien ne s'est passé comme prévu, ce qui l'a poussée à quitter son travail deux mois après sa reprise pour se lancer dans son projet de série documentaire *Post-partum*[106] (2021). Un an et demi après, elle me disait combien tout cela avait positivement transformé sa vie :

> J'ai longtemps cru qu'avec l'arrivée de mon fils je m'étais perdue, mais c'est tout le contraire qui s'est produit. Et la reprise a été le moment de rupture et de bascule qui m'a mise dans cette voie [du documentaire] et ce changement de vie. Un vrai virage qui a permis la réappropriation de mon identité. C'est le moment où j'ai dit « stop » à tout ce que je ne voulais plus endurer. Comme, par exemple, supporter un manager malveillant ou des horaires qui ne me convenaient pas. Ça a été le début de ma liberté, finalement[107].

Les témoignages de ces femmes sont représentatifs de ce qui peut questionner, tracasser, voire tourmenter beaucoup de mères lors de leur reprise : le rééquilibrage des temps professionnels et personnels, le besoin de se connecter à leurs envies profondes pour les transmettre à leur(s) enfant(s). Ils sont aussi représentatifs de la violence du monde du travail à leur égard et de l'inconfort – euphémisme – dans lequel peuvent plonger les mères, qui se voient forcées de remettre en cause tout ce qui constituait jusqu'alors leur identité et leur quotidien professionnels. Car ce qui leur apparaît aujourd'hui, avec du recul et dans le meilleur des cas, comme une « bénédiction » a plutôt relevé du tsunami existentiel, parfois violent et toujours bouleversant et imprévisible, transformant profondément et durablement leur vie et leur rapport au travail.

Un impensé social et culturel

La peur commune et collective des discriminations sexistes m'a longtemps fait hésiter à tout dévoiler de ce qu'on me confiait sur la reprise. Peur de montrer les femmes dans leur vulnérabilité, peur de laisser croire qu'elles ne seraient en réalité pas capables de tout concilier, peur que les gens pensent qu'il leur faudrait finalement choisir entre travail ou famille et, surtout, peur que cela aille à rebours de tous les efforts des femmes, *a fortiori* celles devenues mères, pour accéder aux postes ou aux métiers qu'elles convoitent et méritent.

Puis, à force d'entendre l'épuisement et la détresse de beaucoup, j'en ai eu assez qu'on laisse penser que ce n'était qu'un problème de femmes. Assez d'entendre des mères se sentir nulles et culpabiliser de n'être pas assez ci ou pas assez ça ; assez qu'elles subissent reproches et injonctions partout et tout le temps, au travail comme à la maison, à la crèche comme chez le médecin ; assez qu'on suppose qu'il suffirait d'une meilleure organisation, de davantage de résilience, de motivation ou – pire – de moins de stress et de plus de lâcher-prise pour s'en sortir. Comme si les femmes faisaient exprès de se compliquer la vie. Comme s'il y avait une appétence féminine à être pressées en permanence, sans répit et sans issue à court ou même à moyen terme.

Non, personne n'aime ça, pas plus les femmes que les hommes… Personne n'aime sacrifier sa pause déjeuner pour acheter des couches et des bodies ; personne ne prend plaisir à harceler le secrétariat du pédiatre dès 8 heures du matin pour quémander un rendez-vous d'urgence, alors qu'il faut en même temps trouver une solution de garde en dernière minute pour ne pas rater la grande réunion du jour au travail. Et pourtant, ce sont (presque) toujours les femmes qui s'y collent.

Bref, j'en ai eu marre qu'on ne se questionne jamais sur les difficultés de la reprise et ce qu'elles disent de notre société, sans que cela remette en cause les capacités des femmes à reprendre le travail.

Parce que, soyons clairs, par la force des choses, il n'y a pas mieux organisées, plus résilientes et plus « agiles » – pour reprendre un terme managérial à la mode – que les femmes devenues mères. Et pourtant, rares sont celles qui ont l'impression de bien mener leur barque entre toutes les tâches et responsabilités qu'elles ont à mener de front. Certaines redoublent même d'efforts pour compenser la culpabilité et le sentiment de défaillance qui les oppressent… jusqu'à ce que leur corps et/ou leur tête lâchent : le taux de suicide des nouvelles mères est la deuxième cause[108] de décès maternels après les maladies cardiovasculaires. Il s'agit ici de santé publique, de société, il est fondamental de le marteler, et il est plus que temps de rompre ce silence et ces non-dits sur la reprise.

La loi du silence

À l'adage-injonction « travailler comme si on n'avait pas d'enfants et élever ses enfants comme si on n'avait pas de travail », on pourrait aussi ajouter « avoir un corps comme si on n'avait pas accouché », « entretenir la flamme comme si on était encore un jeune couple », « avoir une vie sociale comme si on n'avait ni famille ni travail », « briquer son foyer comme si on n'avait que ça à faire de la journée », etc. Il ne suffirait pas d'un livre pour parler de toutes les injonctions qui pèsent sur les femmes : mère parfaite, épouse parfaite, professionnelle parfaite, maîtresse de maison parfaite, amie parfaite, fille parfaite, corps parfait, etc. Aucune facette de leur identité n'est épargnée, et ce n'est pas d'une mais de dix vies qu'elles auraient besoin pour faire tout ce que l'on attend d'elles. Tout revient à une injonction globale à être au service des autres, à mettre toujours les priorités d'autrui avant les siennes ; bref, à se mettre en retrait, à s'effacer… jusqu'à s'oublier. Prendre du recul sur la situation semble ainsi aussi compliqué qu'impensable, faute de temps et d'énergie.

Envisager la reprise avec hauteur est d'autant plus difficile que les mères vivent ce tourbillon dans la solitude : personne dans leur entourage ne semble deviner un dixième de ce qu'elles traversent… Si tous les pans de leur vie sont bouleversés, rien ni personne autour d'elles ne change, et c'est à elles de s'adapter en permanence.

Le silence dans lequel les mères endurent la reprise leur fait non seulement du mal individuellement, mais il contribue aussi collectivement à alimenter un système qui occulte leurs difficultés et les somme de parvenir à cette conciliation seule, selon une répartition genrée des rôles entre hommes et femmes qui persiste depuis des décennies.

Un système qui assigne les femmes aux tâches parentales et domestiques avant tout (le congé maternité est encore trois fois plus long que le congé coparent) et leur permet (je pèse mes mots) de travailler à condition que cela n'ait d'impact ni sur leur famille, ni sur leur travail. On en revient à l'horrible adage « travailler comme si on n'avait pas d'enfants, etc. »

La journaliste Pauline Rochart, experte pour *Welcome to the Jungle*, l'énonçait de manière limpide :

> On fait comme si la maternité au travail relevait d'un choix individuel aux conséquences qu'il faudrait assumer et en aucun cas d'un sujet systémique auquel il faudrait s'attaquer[109].

Aux femmes de se débrouiller, envers et malgré tout… et surtout, sans se plaindre : « Tu as voulu des enfants ? Tu as voulu travailler ? Eh bien, assume, maintenant ! » Ce message revient sous des formes diverses, y compris *via* le non-dit et le choix de considérer ces affaires parentales comme « privées », et se retrouve à toutes les strates de l'entourage des nouvelles mères : conjoint, proches, inconnu·e·s sur les réseaux sociaux, et surtout au travail. Le résultat : pour éviter ces successions de claques infantilisantes et injustes, les femmes se taisent et font profil bas. Les messages poussant à la procréation, issus des communications institutionnelles, des professionnels de santé, des médias et de leur propre famille, montrent leur vrai visage : les femmes ont le « devoir de reproduction[110] », et dans le même temps, on leur rappelle que faire un enfant est un caprice, une folie à « assumer ». En somme, les femmes se trouvent prises au piège d'un *gaslighting*[111] exécuté dans les règles de l'art.

Personne en conséquence n'est là pour les aider dans leur cheminement comme dans leur quotidien, l'injonction ultime étant de tout vivre seule, comme si ces difficultés étaient uniquement propres à une inaptitude personnelle à prendre sa vie en main. Le discours et les pratiques étant verrouillés au sujet de la reprise, même les femmes qui sont passées par là n'en parlent pas à celles qui y sont confrontées, et c'est suffisamment unique pour être souligné.

« Not all people », serez-vous peut-être tenté·e·s de m'opposer, car votre mari, votre mère, votre manager ou une collègue ont été très à l'écoute et/ou se sont beaucoup impliqués. Tant mieux et c'est une chance, mais ce devrait en fait être la norme. Cette solitude des

mères qui reprennent m'a été confiée beaucoup trop souvent pour que ce soit une problématique uniquement individuelle. Certes, les contextes de chacune, ainsi que le rythme à mille à l'heure, peuvent jouer énormément sur la perception d'être seule et incomprise. Mais lorsque toutes applaudissent au fait que quelqu'un s'empare enfin de ce sujet de la reprise, c'est le signe qu'il y a là un vrai tabou à lever.

Les mères prennent sur elles, taisent leurs difficultés et leur culpabilité et, bien souvent, redoublent d'efforts en pensant que c'est parce qu'elles s'organisent mal. Après tout, si tant de femmes reprennent sans trop rien dire, et si personne ne prête attention à leurs bouleversements intérieurs, peut-être est-ce parce que le problème vient d'elles. Et ainsi s'auto-alimente le tabou : de génération de mères en génération de mères, la reprise semble être un non-sujet, auquel aucune femme ne peut se préparer faute d'informations préalables. Et une fois qu'elles sont plongées dedans, le tabou étouffe leur besoin d'aide et de reconnaissance, avec des conséquences durables sur leur vie familiale et leur évolution professionnelle.

Vivre, c'est souffrir : le bonheur des autres avant tout

Derrière le mythe de la vocation maternelle, il y a aussi l'idée que le bonheur qu'apporte la maternité est si grand qu'on peut bien souffrir un peu pour y goûter, que tout cet amour et toute cette joie vaut (et efface) bien quelques sacrifices. Il y a d'ailleurs mille figures de *Mater dolorosa* et aucune de *Pater doloroso*... Dans *Trois mois sous silence*, Judith Aquien souligne les conséquences délétères de cette figure référente de la culture judéo-chrétienne qu'est la Vierge Marie :

> Mère absolue, silencieuse et sans ambivalence dans son rapport à sa mission seule et unique d'enfanter le fils de Dieu, [à qui] on n'autorise qu'une émotion : être traversée de douleur lorsqu'elle mute en *Mater Dolorosa*[112].

Ainsi, l'héritage culturel qui est le nôtre consiste à enfermer les femmes dans la seule fonction du *care* (soin) et de l'altruisme sacrificiel.

Cela entraîne une banalisation des difficultés maternelles qui s'inscrit plus globalement dans une logique de résignation à la souffrance[113], que l'on transmet aux femmes dès leur plus jeune âge, à grands coups de « Il faut souffrir pour être belle » – mêlant l'injonction à la beauté à celle de vivre dans la douleur physique –, mais aussi du péremptoire « Tu enfanteras dans la douleur », qui réserve un programme plein de fun aux mères en devenir... Et c'est un rappel particulièrement puissant au moment de la reprise : elles doivent souffrir pour être acceptées à leur retour dans la « vraie vie », et surtout le faire en silence.

Éduquées pour être vouées aux autres, elles ne se permettent pas d'appeler à l'aide et/ou à une meilleure reconnaissance de leurs efforts : « On ne nous a pas appris à demander[114] », affirmait Brigitte Grésy, présidente du Haut Conseil à l'égalité entre les femmes et les hommes, dans un discours. Au contraire, on apprend aux femmes, aux filles à être polies, rassurantes et gentilles, toutes ces qualités liées à l'altruisme qu'on leur demande d'incarner. Ce que l'essayiste américaine Rebecca Solnit décrypte ainsi :

> Ce que nous appelons politesse est souvent synonyme d'un entraînement à penser que le confort des autres est plus important que le nôtre. Il ne faudrait pas déranger, et quelle que soit la situation, vous avez tort de le faire[115].

Parce qu'il faudrait donc épargner notre malaise aux autres, tout autant qu'il faudrait paraître heureuses, silence et sourire sont de rigueur, quelles que soient les difficultés traversées… Ou alors ce serait faire preuve d'égoïsme.

Développement personnel et culte du bonheur

L'autre problème que révèle le silence autour de la reprise est celui de la perception et de la considération des difficultés éprouvées par les mères, et par les femmes en général. Autrement dit, le tabou de la reprise, c'est le tabou de leurs difficultés, au niveau personnel comme professionnel. Double tabou, double peine.

Cette parole verrouillée s'explique, d'un point de vue individuel, par la culpabilité de ne pas arriver à être ou à faire « ce qu'il faut », autant que par la peur du regard des autres, d'être jugée incompétente, bref la peur de se faire « mal voir ». Dans son livre *Patriarcapitalisme*, Pauline Grosjean, chercheuse en sciences sociales spécialiste des inégalités de genre, éclaire cette notion sous un angle systémique :

> Que signifie se faire « mal voir » ? Cela signifie contrevenir aux conventions. Aux normes

sociales et culturelles. Contrevenir à l'image sociale de la femme[116].

J'ajouterais : à l'image sociale de la femme *et* de la mère – une double peine qui s'abat sur les femmes à leur sortie de congé maternité, quand elles s'aperçoivent qu'elles seront désormais constamment jugées au prisme d'un double référentiel de normes et d'injonctions qui se croisent ou se contredisent dans un effet cumulatif étourdissant.

La première norme imposée aux femmes est celle d'une maternité sans nuages, forcément heureuse, évidente et épanouissante, promesse d'un amour inconditionnel et d'un bonheur absolu : la maternité, en une bonne vieille phrase toute faite, « c'est que du bonheur ». Il s'agit dès lors de se conformer dare-dare à cette injonction majeure à fermer sa bouche sur les difficultés du post-partum, de la reprise et (ultime tabou) sur le regret d'avoir procréé[117], tant cela peut représenter un poids malgré l'amour porté à sa progéniture.

Or le chemin pour sortir du tabou est long, car comme le souligne l'autrice Illana Weizman, « les femmes ont intégré ces normes, dès l'enfance. Quand on en vient à vivre cette expérience [de la maternité] et que notre vécu ne correspond pas à ce qui est attendu de nous, alors on va le cacher et le censurer[118] ». Et il sera d'autant plus complexe de mettre au jour les ambivalences, les dépressions et les obstacles à l'épanouissement que le bonheur est devenu, dans tous les recoins de la société, une injonction, un objectif absolu, ne laissant pas de place pour des états intermédiaires ni, évidemment, pour l'adversité. Ce culte du bonheur a « profondément imprégné notre imaginaire culturel, jusqu'à occuper une place centrale dans nos existences, *ad nauseum* », selon Edgar Cabanas et Eva Illouz, qui ont disséqué les origines et les effets pervers de la montée en puissance de la psychologie positive depuis le début du XXIe siècle dans leur essai *Happycratie* :

> Par la grâce de la psychologie positive [et une industrie du bonheur et du développement personnel qui brasse des milliards d'euros], le bonheur ne fut plus considéré comme une idée nébuleuse, un objectif utopique ou un luxe inaccessible. Au lieu de cela, il devint un objectif universellement atteignable, un concept permettant de définir les conditions psychologiques nécessaires à la définition de l'individu sain, rencontrant le succès et fonctionnant de façon optimale[119].

Dans cette vision du monde, les insatisfait·e·s sont des incapables… Selon Edgar Cabanas :

> Cela se traduit même par une nouvelle forme de citoyenneté avec l'apparition de « psytoyens », pour qui la recherche du bonheur est une seconde nature, des obsessions individuelles et la mise en place d'une hiérarchie émotionnelle où les émotions négatives n'ont plus de place. Au travail, ce sont des techniques de management valorisant les employés les plus heureux [...]. Pour la psychologie positive, le bonheur n'est qu'une question de choix personnel et donc la souffrance l'est tout autant[120].

Sans surprise, le revers de cette bienheureuse médaille est sombre : cette quête de la meilleure version de soi-même (c'est-à-dire d'un moi qui ne souffre jamais) est, selon les deux auteurs d'*Happycratie*, une « façon de se discipliner à outrance, de se censurer ». Une logique d'ultraculpabilisation et de silenciation des difficultés et des pensées négatives donc, qui s'opère à merveille à la reprise, lorsque les mères doivent tout à la fois incarner le bonheur au travail et le bonheur en famille, alors que tous leurs repères sont bouleversés.

Les mères d'aujourd'hui ne veulent pas avoir le sentiment de sacrifier quoi que ce soit, ni leur famille, ni leur carrière. Elles veulent tout, autant par conviction et par envie de lutter contre le fatalisme que parce qu'on leur fait croire qu'elles peuvent tout avoir. Parce que, selon les promesses néolibérales du développement personnel, qui font la fortune des programmes de coaching, « tout est possible », « quand on veut, on peut », il faut « devenir la meilleure version de soi-même », il suffit de « sortir de sa zone de confort », d'« oser reprendre confiance en soi », de « visualiser ce qu'on veut » et même de « lâcher prise ». Si ces mantras et cette attitude positive peuvent être utiles pour certaines femmes à certains moments de leur vie, ils ne résolvent rien à l'échelle systémique, et peuvent même être extrêmement culpabilisants pour toutes celles qui n'y arrivent pas parce que rien n'est fait pour les aider.

Dans un long article consacré aux effets du développement personnel sur les femmes, Roger Herla, du Collectif contre les violences familiales et l'exclusion, souligne le piège qu'il représente pour alimenter le tabou :

> Une des convictions repérées dans le discours des lecteurs de littérature en développement personnel est celle qu'il faudrait éviter le statut de victime, échapper à ce qu'il évoque : la passivité, la perte d'énergie dans la plainte, le choix de ne pas s'attaquer à la seule chose qui soit réellement à notre portée : nous-mêmes[121].

Herla poursuit sa critique en notant qu'un grand problème du développement personnel est qu'il occulte les rapports de domination :

> Le terme de « victime » porte potentiellement une vision politique du vécu. L'occulter revient aussi à ignorer la question des rapports sociaux et donc celle de la justice sociale.

Tout repose sur ses propres épaules, sur sa volonté, et si l'on se sent victime, non seulement on a tort, mais en plus il y a fort à parier, selon ce qu'impose le développement personnel, que l'on se « conforte » dans ce statut.

Après la misogynie psychanalytique[122], nous voici donc face à un nouveau courant de pensée qui refuse de regarder le niveau systémique, et qui huile soigneusement les rouages d'un monde patriarcal pour dénigrer les femmes et faire peser sur elles toute la culpabilité de ce qu'elles traversent. Pas un regard, dans le développement personnel, pour nommer les pratiques managériales toxiques, pas un mot non plus sur les statistiques effarantes montrant le déséquilibre lié au partage des tâches entre hommes et femmes : le verre doit toujours être à moitié plein, même lorsqu'il est quasi vide pour les femmes. Alizée Delpierre, chercheuse en sociologie du travail, analysait également ce tournant de pensée dans un article de *Slate*[123] :

> [Le développement personnel] vise avant tout les femmes, car ça s'inscrit dans l'idée que les femmes sont complexes, et que c'est à elles de prendre en charge leurs problèmes mentaux. Quand on connaît un peu l'histoire de la manière dont la psychiatrie et la psychanalyse ont pris en charge les troubles mentaux, on voit bien que ce sont les femmes qui seraient toujours mélancoliques, mal en point, etc.

Les conséquences de cette essentialisation négative des mères au travail sont très nombreuses. D'un point de vue sociétal, elles sont la face cachée des inégalités de genre et une traduction peu mise en lumière du sexisme au travail. D'un point de vue individuel, cela suscite une sacrée dose d'angoisses, tout autant que de sentiments d'injustice et de colère.

Réussir ou rien : la tyrannie du mérite

Dans le sillage du développement personnel, l'autre pilier de nos normes sociales et culturelles est le culte voué à la réussite individuelle[124], et derrière cela la pression à la performance et à l'excellence, des notions qui pèsent fortement sur l'expérience de la reprise des mères. Et c'est là où culte du bonheur et culte de la réussite se rejoignent pour régir nos vies de manière oppressive… Parce qu'en creux cela induit deux choses : on n'a « pas le droit de se laisser aller », d'une part, et « c'est de notre responsabilité si ça ne marche pas », d'autre part. La réussite, comme le bonheur, serait donc une affaire de choix, d'efforts et de mérite.

Quand on applique cela à la reprise, cela donne des femmes qui, sans même parler de la peur d'être jugées, ne peuvent ni baisser les bras, ni lâcher prise, mais au contraire se sentent obligées de redoubler d'efforts pour « réussir leur reprise », selon une double logique d'obligation de moyens et de résultat.

Et si elles sont discriminées, elles se sentent forcées de se taire par la force de ce tabou si bien ficelé. La honte est de leur côté, ce qui scandalise Élise Fabing, avocate du travail, qui en fait bien souvent le constat :

> Il y a aussi l'omerta. Et il y a la honte sociale d'avoir été victime de harcèlement ou de discrimination. Parce qu'on est dans une société où le bonheur professionnel est érigé en modèle de vie. Et quand tu deviens mère, il y a énormément d'injonctions : tu dois tout réussir, tu dois être une Wonder Woman, une mère incroyable, dévouée à tes enfants, et en même temps une

> super pro. Tu dois réussir ta reprise. […] Et du coup, tu n'oses pas en parler et tu te remets beaucoup en cause. J'ai beaucoup de clientes qui se disent que c'est leur faute[125].

Avouer leurs difficultés, ce serait comme abdiquer devant l'adversité et admettre qu'elles ne sont pas capables de réussir. Bref, qu'elles ne *mériteraient* pas de réussir… Qui a envie de cela ? Personne : tout le monde veut réussir ! « La vision de l'échec est culturelle[126], rappellent Isabelle Né et Raffi Duymedjian dans un article de *The Conversation*. En France, […] l'échec est vu comme une preuve de faiblesse[127]. »

Forte tu seras

La faiblesse, la fragilité, parlons-en justement. Comme l'échec, c'est un repoussoir en France, particulièrement dans le monde du travail, où la faiblesse est un des stéréotypes les plus nuisibles auxquels les femmes doivent faire face : elles sont perçues naturellement comme plus faibles que leurs collègues masculins[128]. Ajoutons à cela l'autre stéréotype selon lequel « les émotions sont signe de faiblesse[129] », et nous voilà avec une vraie chape de plomb qui empêche les femmes devenues mères d'exprimer leurs difficultés à leur reprise.

Et puis, il y a cette figure mythique de Wonder Woman à laquelle il serait bon de se conformer, érigée depuis les années 1970-1980 et la série éponyme comme l'icône de la femme moderne et émancipée, une « icône pop-féministe » même, selon un titre révélateur du magazine *Marie Claire*[130]. Ça a été pendant longtemps l'image de la femme moderne, qui sait faire preuve d'autant d'indépendance, de courage et de force que d'empathie. Un modèle de femme forte, qui réussit sur tous les fronts et auquel les femmes, légitimement, ont envie de s'identifier. Et lorsqu'elles deviennent mères, elles s'attellent alors à être des Wondermums, touchées par le syndrome du Wonderparent décrit par Anne Peymirat dans son livre éponyme :

> L'image de la Wonder Woman donne l'illusion que l'on peut être une collaboratrice ou un collaborateur qui réussit tout professionnellement et un parent idéal. Le quotidien nous montre clairement que ce n'est pas réaliste, c'est une construction sociale qui n'est pas atteignable[131].

Quoi qu'il en soit, cette mythologie pèse lourdement sur les mères et dédouane leur entourage de toute attention particulière à leur égard au moment de la reprise, comme le souligne Lucile Quillet dans *Le Prix à payer* :

> On adore dire et répéter combien les mères sont fortes et courageuses, qu'elles sont admirables dans un mouvement d'empathie superficiel, sans jamais se demander comment leur éviter de devoir déployer ces trésors de renoncement, pugnacité et énergie pour faire tout tenir[132].

La fameuse « valeur travail »

Au cœur des tiraillements, des bouleversements et des tensions provoqués par la reprise, il y a cette notion centrale de travail et du rapport au travail. Par « travail », j'entends ici le sens qui lui est communément donné dans les sociétés industrielles, c'est-à-dire un emploi « officiel » et rémunéré[133].

Dans les sociétés occidentales, la valeur donnée au travail-emploi est statutaire :

> Aujourd'hui, le travail prend la forme de l'emploi où le salarié obtient un statut social avec des droits. [...] Dans la conception moderne du travail, l'acte de travailler, se manifestent les trois dimensions de la personne : faire, être et

> avoir. Cette conception est celle d'une société qui tend à ne retenir du travail que l'épanouissement et la réalisation de soi tout en étant source d'enrichissement en termes de savoirs et d'avoirs[134].

Avoir un travail-emploi, c'est donc avoir une place dans la société. Le travail est même devenu un moyen d'identification fort de soi-même :

> La pression d'identifier sa personne à sa profession est si forte qu'elle a fini par s'inscrire dans le langage courant : « Je suis prof », « Je suis poissonnier », « Je suis caissière »[135].

Ainsi, être en retrait du marché du travail peut être aussi mal vécu que mal perçu.

C'est d'autant plus le cas pour les femmes, et une évidence pour les mouvements féministes[136], convaincus que l'indépendance matérielle qu'un emploi procure a une importance déterminante, nourrissant une image négative des femmes au foyer, alors qu'elles sont tout sauf inactives et surtout victimes d'un système qui ne les rétribue sur aucun plan. Sous cet angle, la reprise peut donc apparaître comme un passage obligé, voire un mal pour un bien, qui vaudrait donc, comme pour la maternité, quelques sacrifices, d'autant plus si cela permet aux femmes de tout avoir : famille, travail et indépendance.

Toutes ces normes sociales, culturelles et morales se croisent et se nourrissent pour régir et structurer notre manière d'être et de penser dans les sphères privée comme professionnelle. Articulées autour de ces deux cultes que sont le bonheur et la réussite individuelle, ces normes façonnent une tyrannie du mérite qui condamne les femmes en difficulté au silence et à l'épuisement, occultant toute prise de recul systémique et collective.

Or, comme le résument les chercheuses Dana Becker et Jeanne Marecek :

> La bonne vie n'est pas aisément et également accessible à tous. L'appartenance de classe, le genre, la couleur de peau, la race, la nationalité, la caste génèrent des disparités, des inégalités de statut et de pouvoir qui influent de façon significative sur le bien-être individuel[137].

Seconde partie

Les difficultés systémiques de la reprise

Quand on passe en revue tous les chamboulements de la reprise post-congé maternité, il est facile de comprendre pourquoi et en quoi cette période peut être vécue comme un tsunami. Et pourtant, la très grande majorité des femmes n'en parle pas, ou les conscientise peu, tant le tabou est fort et tant les tâches sont assez nombreuses pour occuper le temps de cerveau disponible qui leur reste.

C'est notamment le cas des femmes dont les situations familiales, financières et/ou professionnelles sont compliquées – les mères solos en premier lieu, qui peuvent cumuler tous les facteurs de fragilité, et donc de risque d'une reprise (particulièrement) difficile, mais aussi les femmes en situation de précarité. Ce silence s'explique aussi par la peur de se montrer moins performante que la société et le monde du travail l'exigent. Ce silence, surtout, est imposé par un système qui sous-considère les femmes et voit en la maternité une occasion de plus pour les renvoyer à la sphère domestique et les enfermer dans une condition dévalorisante.

La reprise, creuset des inégalités femmes/hommes

Dans le monde du travail où elles se retrouvent propulsées, les femmes découvrent des inégalités insensées et intolérables, de la discrimination à l'embauche, des discriminations de salaire, etc.[1].

Pauline Grosjean

Ces mots de la spécialiste des inégalités de genre Pauline Grosjean, qui fait initialement référence aux femmes qui sont entrées massivement dans le monde du travail salarié dans les années 1960-1970 avec la révolution culturelle permise par l'accès à la contraception, s'appliquent parfaitement aux nouvelles mères qui reprennent et vont, pour la plupart, de désillusion en colère, cette colère grandissant à mesure que les femmes, à force de volonté et de combats féministes, constatent que de nombreuses injustices persistent :

> Bien sûr, ces inégalités étaient là auparavant. Mais leur perception était différente. [...] Maintenant que ces femmes ne comptent plus trop sur le mariage, sont là pour faire carrière, ont fait des études longues et, pour certaines d'entre elles, exercent le même métier que les hommes, ces inégalités deviennent intolérables[2].

La source de ces désillusions ? Les inégalités et les préjudices dont la maternité au travail est le creuset, et dont la prise de conscience agit comme une gifle cinglante chez une génération de femmes qui pensaient l'égalité acquise.

De même que les inégalités de classe, de race et de statut, le sexisme et le patriarcat ne sont pas des concepts d'un autre temps, réservés aux ringards ou aux réacs. Ce sont des réalités violentes, dont il s'agit de prendre conscience pour mieux lutter contre.

Le péché originel : l'inégalité des congés maternité et coparent

Le 1er juillet 2021, le congé coparent a été rallongé à 28 jours consécutifs dont 7 obligatoires[3], après avoir été de 14 jours dont 3 obligatoires. Sept jours obligatoires, *versus* 10 semaines pour la mère biologique après l'accouchement. Le jour où cela a été promulgué, le président de la République Emmanuel Macron s'est félicité d'être l'auteur d'un « tournant en faveur de l'égalité entre les femmes et les hommes au quotidien[4] ». La simple relecture de ce communiqué me met en colère, mais j'en poursuis tout de même l'exégèse pour vous. Le président explique ainsi le caractère révolutionnaire de sa réforme :

> Et parce que tous les pères doivent se sentir libres de recourir à ce congé, nous avons décidé qu'une semaine sur les quatre proposées serait obligatoire. Cette semaine obligatoire, c'est une protection pour les pères qui ont un statut précaire. Car ce sont eux, aujourd'hui, qui prennent le moins leur congé, par crainte de perdre leur travail[5].

Une semaine pour les précaires, week-end et jours fériés compris. Merci, monsieur le président, c'est trop d'honneur fait aux pauvres. Et donc une semaine pour les compagnes de ces hommes précaires, qui doivent payer le double prix de la pauvreté et du peu de cas que l'État fait d'elles, à peine sorties de l'hôpital où elles ont accouché.

Il y a dans cette « avancée » un déni, à tous les niveaux, de la réalité que traversent les femmes, mais aussi un déni absolu de ce que sont les inégalités. Sur le déni de la souffrance corporelle, Judith Aquien, autrice de *Trois mois sous silence*[6], écrivait dans un article LinkedIn consacré à ce nouveau congé qui soustrait aux mères un relais nécessaire :

> Comment peut-on, en portant toute la journée un bébé qu'on ne connaît pas encore, qui pleure à toute heure et ne dort pas la nuit, entrer en convalescence de manière correcte ? Comment peut-on se remettre, dans ces conditions, d'une césarienne (pour ma part, cinq mois après mon accouchement, je continue d'avoir mal malgré un compagnon ultra-présent) ou d'une épisiotomie ; se remettre, tout simplement, d'une grossesse qui, faut-il le rappeler, est une épreuve physique énorme ? Comment, dans ces conditions, peut-on établir correctement un lien avec son enfant, alors que même les sages-femmes, en cours de préparation à la parentalité, avertissent qu'il est « normal d'avoir parfois

envie de jeter son enfant par la fenêtre » ? Ce n'est pas sérieux. C'est même très grave. Pour rappel, la deuxième cause de mort maternelle post-partum est le suicide. C'est un problème de santé publique[7].

L'inégalité commence avec le fait de considérer que seules les femmes « font » les enfants. Les coparents, lorsqu'il y en a, font aussi partie du tableau. Et pourtant, ainsi que l'explique Violaine Dutrop, autrice et spécialiste des questions de genre et d'éducation, dans son plaidoyer pour un congé coparent aligné sur le congé maternité :

> Le fait de devenir parent, quoiqu'ouvrant en apparence des possibilités égales, ne crée pas des situations comparables. [...] Le premier acte de déverrouillage du *statu quo* actuel sera l'engagement massif des hommes dans le travail domestique et familial. C'est un congé paternité long, obligatoire, correctement rémunéré et partiellement consécutif au congé maternité, qui en sera la clé[8].

Or le nouveau congé coparent est court, en grande partie optionnel, sans maintien de salaire et peut se prendre sous la forme de petits week-ends. Aucune condition n'est aujourd'hui sur la table pour que la vie domestique soit redistribuée ; or, les habitudes domestiques se prennent vite, et c'est précisément à ce moment-là que l'inégalité face aux tâches ménagères se creuse.

Au travail, ce congé coparent dans son état actuel ne peut pas remplir le rôle que l'on pouvait en attendre : à savoir que les femmes ne soient plus discriminées *a priori*, au moment même de poster une candidature, parce qu'elles sont mères ou pourraient le devenir. Car si chaque parent avait le même congé, en théorie, il n'y aurait pas de raison pour qu'un genre soit discriminé davantage qu'un autre (d'autant que les hommes, eux, peuvent procréer jusqu'à la retraite).

L'autre conséquence, enfin, est que ce congé est à peine perceptible et ne marque aucune rupture claire et – oserais-je dire – respectable : le congé est ultra-court, il ne porte « que » sur l'accueil d'un enfant, on peut demander au père de faire une ou deux entorses, de passer une tête au bureau et de relire un dossier urgent (ça lui fera même sûrement du bien). En bref, il n'y a pas de coupure, contrairement à ce qui se produit pour les femmes, donc ce congé manque de crédibilité, il n'est pas pris au sérieux. C'est sans doute difficile à vivre pour les pères qui ont envie d'être respectés dans un moment si crucial de leur vie, mais cela maintient le fameux *statu quo* : ce congé coparent n'a aucune véritable conséquence pour l'organisation sur le lieu de travail, alors que celui des mères biologiques, oui. Ces dernières demeurent ainsi la cible des discriminations au travail et à l'embauche.

À la maison, il va sans dire que l'assignation au foyer pendant que monsieur va chasser le sanglier a, également, des répercussions sur un partage des tâches ultra-genré en défaveur des femmes. Pour reprendre encore les mots de Violaine Dutrop :

> La question de l'accueil des enfants et de la partition sexuée qu'elle opère est une matrice particulièrement puissante. Elle engendre des inégalités à tous les niveaux : inégalités économiques, inégalités dans le déroulement des carrières, inégalités dans l'accès à certains métiers, inégalités dans les représentations proposées aux enfants, inégalités plus largement dans la manière dont la société assigne les femmes à un rôle dévalorisé bien que vital[9].

Les mères, variables d'ajustement de l'articulation travail-famille

Le temps est le nerf de la guerre pour l'égalité, l'articulation des temps professionnels et familiaux se conjuguant au féminin. Plus précisément, c'est le temps de travail rémunéré des mères qui est la variable d'ajustement de tous les aléas et besoins familiaux – à savoir, la part non rémunérée du travail des adultes –, et ce dès la fin du congé maternité. Le temps de travail des hommes est moins touché pour deux raisons principales : d'une part, l'assignation des femmes aux tâches domestiques et parentales, et d'autre part, la logique selon laquelle « le plus gros salaire l'emporte », soit celui de l'homme dans 75 % des couples hétérosexuels[10].

Ainsi, même chez les jeunes générations plus sensibles aux valeurs d'égalité au sein du couple, la maternité modifie la situation professionnelle de nombreuses femmes, *a fortiori* après plusieurs enfants. Et ces différences observées entre pères et mères semblent être liées à leur situation professionnelle au moment de la naissance des enfants et de l'inflexion de la vie professionnelle qui a été choisie ou s'est imposée à ce moment-là, à la reprise donc[11].

Pas de place en crèche ou pas envie de confier en garde son enfant trop tôt ? Ce sont les mères qui vont prolonger leur absence en prenant un congé parental ou en posant des RTT, des congés payés ou même sans solde. L'adaptation à la crèche a lieu alors que les mères ont déjà repris ? À elles de poser les congés pour être présentes, sachant que cela peut durer une semaine. Trop de choses à gérer entre la maison et la famille ? Le bébé a besoin d'une présence parentale accrue (du fait de problèmes de santé, par exemple) ou les parents ne veulent pas le faire garder tous les jours ? Sans surprise, ce sont les mères qui vont aménager ou baisser leurs horaires de travail pour dégager le temps nécessaire aux tâches domestiques et parentales : ainsi, près de la moitié des mères (49 %) déclarent que la naissance de leur premier enfant a eu une ou plusieurs incidences sur leur emploi. L'arrivée d'un deuxième enfant a encore davantage d'incidences pour les mères en emploi puisque 61 % d'entre elles déclarent explicitement un changement professionnel à cette occasion (changement de statut, d'horaires, d'intensité du travail ou retrait pur et simple du marché du travail)... contre 14 % des pères, quel que soit le nombre d'enfants[12].

L'enfant est malade ? C'est encore et toujours les mères que les crèches appellent (à 62 % exclusivement[13]) et qui vont se rendre disponibles pour le récupérer comme pour l'emmener chez le médecin (85 % des rendez-vous médicaux pris pour des enfants sont réservés par les mères sur Doctolib en 2022[14]), en activant leur droit au « congé enfant malade[15] » (quand il leur en reste, vu qu'il n'est prévu que 3 jours par an légalement[16]), alors même que les types d'emplois occupés par les hommes leur permettent, plus souvent que les femmes, d'être plus flexibles et/ou de rendre moins de comptes sur leurs horaires[17].

La liste est longue de toutes les situations où les femmes jouent les variables d'ajustement de la famille, en dépit de leur volonté d'émancipation et d'autonomie. Et c'est une prise de conscience cinglante à la reprise : alors que le travail était synonyme d'indépendance, elles réalisent qu'elles ne sont désormais plus maîtresses de leur temps, quand leurs conjoints, eux, continuent sur leur dynamique de travail sans vraiment d'obstacles.

L'illusion de l'égalité femmes/hommes

Les femmes d'aujourd'hui qui ont pu accéder à des études supérieures ont grandi dans l'illusion qu'elles pouvaient tout avoir, à condition de le vouloir et de s'en donner les moyens, comme l'avaient fait avant elles leurs mères qui, à force de lutte, ont permis à la cause des femmes de faire des progrès fulgurants dans les années 1980.

Pauline Grosjean l'explique dans son livre *Patriarcapitalisme* :

> C'est en 1980 que les femmes rattrapent puis « dépassent » les hommes dans les études supérieures en France. [...] C'est aussi dans les années 1980 que les femmes commencent à récolter le fruit de l'augmentation de leur niveau d'éducation et de leur attachement au monde du travail (c'est-à-dire l'effet combiné de leur entrée plus importante dans le monde du marché du travail et du fait qu'elles s'arrêtent beaucoup moins de travailler). [...] En conséquence de leur montée dans la hiérarchie et de leur apparition dans des professions éduquées et beaucoup mieux rémunérées dans les années 1980, les écarts de salaire entre hommes et femmes connaissent une diminution d'une rapidité jamais observée jusqu'alors[18].

En parfaite fille des années 1980, j'ai moi-même été biberonnée, par mes parents comme par les médias, à l'idéal de la femme indépendante et ambitieuse qui met tout en œuvre pour réussir aussi bien sa vie de famille que sa carrière professionnelle. En tant que fille de l'exil et de réfugiés politiques, j'ai d'autant plus adhéré à cet idéal méritocratique qu'il semblait synonyme d'une intégration parfaite dans une société peu ouverte aux différences raciales.

En parallèle de cet idéal de Wonder Woman est apparue à la fin des années 1970 la figure du « nouveau père », sous l'impulsion d'un mouvement de revendication questionnant la « part du père[19] » porté par des psychologues, des éducateur·rice·s et des militantes féministes. Une aspiration à l'égalité des hommes et des femmes dans la parentalité, à travers une redéfinition de l'identité masculine et de son rapport à la paternité que les médias adorent relayer, et que j'imaginais elle aussi bien installée dans les mentalités puisque j'avais autour de moi plein de personnes partageant les mêmes valeurs progressistes… Le biais de l'entre-soi, me direz-vous : oui, mais pas uniquement. Le biais de l'idéalisation avant tout.

« Et puis badaboum… j'ai eu des enfants », comme dirait Titiou Lecoq[20]. C'est également sans doute ce que s'est dit la brillante skippeuse Clarisse Crémer, qui a pulvérisé le record féminin du Vendée Globe en 2020, lorsque la Banque populaire, son sponsor depuis 2018, l'a lâchée trois mois à peine après la naissance de son enfant en novembre 2022, alors même qu'elle avait été transparente sur son projet d'enfant dès février 2021[21]. Dans ce cas précis, il est à noter que la Banque populaire avait pourtant fait du soutien à la parentalité l'un des sept domaines d'action prioritaires de son accord d'entreprise « en faveur de l'égalité professionnelle entre les femmes et les hommes[22] », signé en novembre en 2021 avec les syndicats. Certes, Clarisse Crémer n'était pas salariée du groupe et ne relevait donc pas de sa politique RH, mais le sort qui lui a été réservé, alors même que c'est une personne très exposée médiatiquement, peut légitimement nous faire douter de la sincérité des engagements de la banque pour l'ensemble de ses collaboratrices mères. Une preuve de plus que le « féminisme *washing*[23] » est une réalité, et que les politiques d'égalité telles qu'elles existent sont davantage des opérations de communication que des engagements effectifs, permettant aux employeurs de faire n'importe quoi avec le droit du travail tout en recevant des notations financières favorables et en entretenant leur bonne réputation.

Les inégalités au sein du couple

Et badaboum, j'ai ouvert les yeux. Ouvert les yeux sur les inégalités femmes/hommes dans la société, comme sur la répartition genrée des rôles au sein des couples et sur le partage inéquitable des tâches domestiques et parentales. Ouvert les yeux sur une réalité tristement partagée par des centaines de milliers de femmes : même si les mentalités semblent avoir évolué ces dernières décennies, même avec l'avènement médiatique des « nouveaux pères » ultra-impliqués et érigés en fers de lance d'une parentalité égalitaire (voire zélée), les pratiques au sein des couples restent fortement marquées par la division genrée des tâches.

En 2013, les démographes Carole Brugeilles et Pascal Sebille posaient le constat des très faibles évolutions en matière d'égalité femmes/hommes :

> Nous sommes loin d'une situation où hommes et femmes participeraient à égalité, répondant ainsi à un idéal dans le partage des tâches. On observe en effet peu d'évolution. Ces vingt dernières années, toutes les études le montrent, les femmes sont demeurées très majoritairement les actrices principales des tâches domestiques et des activités parentales, et la concrétisation d'une nouvelle conception de la paternité, où les pères s'investiraient massivement dans les soins et l'éducation des enfants, reste un objectif lointain[24].

Et l'Observatoire des inégalités d'enfoncer le clou en 2020 : « Depuis 2003, l'évolution du partage des tâches dans la sphère privée semble au point mort[25]. »

La parentalité est un point de bascule considérable dans cette répartition, en défaveur des femmes assignées au rôle de ménagère hérité de la révolution industrielle, même parmi les jeunes générations plus soucieuses d'égalité[26]. Tous les sociologues font ce constat, notamment Arnaud Régnier-Loilier qui s'est spécifiquement penché sur le sujet :

> Une naissance accentue le déséquilibre du partage des tâches entre conjoints. Il devient particulièrement prononcé chez les couples ayant déjà un ou plusieurs enfants et qui se retrouvent avec un enfant supplémentaire de moins de 3 ans[27].

J'ai effectivement beaucoup d'exemples en tête où c'est à partir du deuxième enfant que les mères ont davantage souffert de ce déséquilibre. Selon Alix Sponton, doctorante en sociologie sur le sujet du congé paternité et de la division sexuée du travail, c'est à la reprise que tout se joue ou, plutôt, se remet en place selon l'ordre établi depuis le XIXe siècle :

> La jeune génération de papas est, certes, plus encline à se saisir de ce droit parental et à davantage s'impliquer dans les tâches domestiques, mais l'on constate, toutefois, après un pic d'investissement paternel pendant la durée du congé paternité, que la spécialisation parentale a tendance à reprendre le dessus une fois que les deux parents travaillent[28].

Concrètement, au sein du couple hétérosexuel, les femmes assurent 72 %[29] des tâches de « base » (périmètre « restreint », selon la terminologie exacte de l'Insee, qui comprend cuisine, ménage, soins matériels aux enfants, entretien du linge, gestion du foyer). En moyenne, celles qui sont en couple avec enfant(s) consacrent ainsi 28 heures par semaine (soit 4 heures par jour) à ces tâches, quand les hommes dans la même configuration familiale n'y consacrent que 10 heures (soit moins d'1,5 heure par jour). L'implication des mères dans les tâches domestiques et parentales de base est donc près de trois fois plus importante que celle des pères !

Si l'on inclut le jardinage, le bricolage et les jeux avec les enfants – activités qui sont plus proches du loisir, et souvent plus occasionnelles –, le partage semble un peu moins inégal puisque l'implication des mères n'est « que » deux fois supérieure à celle des pères. Il en résulte quand même, pour elles, un temps hebdomadaire moyen de 34 heures consacrées aux tâches domestiques et parentales (*versus* 18 heures pour les pères), soit presque un temps complet… non rémunéré.

Le distinguo entre les tâches de base et les tâches occasionnelles met en lumière une réalité d'autant plus pénible pour les mères qu'elle ne se justifie en rien[30] : à elles les tâches chiantes, répétitives et, cerise sur le gâteau, quasi invisibles… Entre les principes et la réalité, la chute est brutale, et la prise de conscience est progressive tout au long du congé maternité. Jusqu'à exploser, parfois dès la reprise des pères, à la figure de toutes celles qui ont cru à l'émancipation des femmes par le travail et à l'égalité femmes/hommes.

De la mère assignée au foyer à la reprise : un non-partage des tâches identique

Si l'articulation des temps pros et persos est si complexe pour les femmes, c'est parce que la grande majorité (les deux tiers, précisément[31]) des tâches domestiques et parentales continue de reposer sur elles lors de leur reprise, dans le prolongement de ce qui s'est instauré durant le congé maternité ou parental, lorsqu'il n'y avait pas encore les horaires du travail rémunéré à caser.

Alors, à la gestion du foyer, des soins et de la « logistique » propres au bébé s'ajoutent les missions professionnelles des mères, ainsi que l'intégration des contraintes et des urgences de garde… La reprise est le terreau d'une charge mentale aussi épuisante que frustrante qui ne cesse d'augmenter.

Pour certaines, il faut quelques mois pour pouvoir mieux répartir ces tâches dans le couple à grands coups de pédagogie auprès d'un compagnon qui peine à comprendre l'importance qu'a sa proactivité dans l'exécution de tâches qui lui incombent autant qu'à l'autre (le fameux « Mais tu n'avais qu'à me dire qu'il fallait vider le lave-vaisselle ! »). Un rééquilibrage nécessaire pour tenir sur la durée, mais qui est une énième tâche en plus de tout ce qu'il y a déjà à faire : celle de négocier et de montrer au coparent comment prendre réellement sa part désormais. Julie, 32 ans, responsable RH, me confiait les difficultés que cela avait représenté pour elle dans son couple, ayant dû passer par des disputes pour obtenir le minimum, à savoir un partage des tâches à peu près égalitaire après une phase où elle et son compagnon avaient intériorisé qu'il était « normal » qu'elle fasse tout :

> *[Avant la reprise]*, je faisais tout, ce qui était normal pour moi. Alors ça a pris un peu de temps, parce qu'il était un peu habitué à ce que tout soit fait. Il a fallu qu'on discute. Il a fallu que je lui montre. Il a fallu qu'on rediscute. Il a fallu peut-être même qu'on s'engueule un peu. Je pars de la maison à 7 heures 30, je rentre à 18 heures 30. Je couche mon enfant vers

> 19 heures 30 et « ma » journée commence à partir de 20 heures. Je n'ai pas de temps avant [pour les tâches domestiques] à part à partir de 20 heures 30… Franchement, c'est dur. Tu ne veux pas, tu ne peux pas faire tout toute seule[32].

Pour d'autres, l'inégale répartition s'installe dans la durée, et l'épuisement de devoir tout gérer peut vite advenir, favorisé par la fatigue accumulée depuis la naissance de l'enfant. Un épuisement qui touche indubitablement encore davantage les mères solos, qui doivent tout porter sur leurs seules épaules.

Globalement, les études montrent que les femmes avec enfant(s) font, par semaine, 5 heures de travail domestique de plus que lorsqu'elles étaient célibataires. Les hommes, eux, n'en font que 1 heure de plus[33]…

Ce qui fait que, en 24 heures, les mères qui travaillent parlent souvent de double, voire de triple – ou même quadruple ! –, journée. Comme Julie le laissait entendre, il y a les heures consacrées à l'enfant – première journée ; les heures consacrées au travail – deuxième journée ; puis, une fois l'enfant couché, il faut se charger des tâches ménagères qui ne peuvent attendre (repas, vaisselle, lessive éventuelle, préparation de petits pots « maison » du lendemain, etc.) et/ou se remettre derrière son ordinateur pour boucler le dossier qui a été laissé en plan lors du départ précipité du bureau pour la crèche – troisième journée. Enfin, s'il reste un moment, et un peu d'énergie, avant le coucher, vient le temps du couple – quatrième journée, donc (notez que le temps uniquement consacré à soi est absent) !

Les journées de semaine filent, ne laissant que très peu de répit aux femmes. Et les week-ends s'enchaînent au même tempo puisqu'il faut s'atteler à toutes les tâches qui ont été reportées jusqu'alors : le ménage, les courses, encore des lessives (parce qu'on passe son temps à faire des lessives avec un bébé), la préparation des repas du bébé pour la semaine (autrement nommée *batch-cooking*, c'est chic) pour les plus organisé·e·s, le tri des vêtements trop petits, les achats de vêtements plus grands (car les bodies ne poussent pas sur les arbres), sans oublier d'aller au parc ou d'interagir avec son enfant (car, à l'origine, l'idée était bien de créer du lien avec cette petite personne).

L'affaire se corse encore davantage quand il n'y a pas un mais plusieurs enfants, dont les besoins diffèrent et pour lesquels il faut aussi trouver le temps. C'est ainsi que l'on se retrouve le samedi à enchaîner une session au parc, un cours de judo, un passage au drive pour récupérer les courses, quelques lessives, quelques coups d'aspirateur, la récupération d'un lot de chaussettes et les siestes des uns et des autres… Vous avez dit « rythme intense » ?

Bien sûr, lorsqu'il y a un coparent, les mères ne sont pas seules à assumer tout cela.

Mais on est loin de l'idéal égalitaire dans la parentalité, les femmes se chargeant des tâches routinières et astreignantes, et les hommes partageant les activités ludiques et affectives (elles, bien visibles et valorisantes), avec un impact lui aussi inégal sur l'investissement professionnel de chacun·e, selon les sociologues Carole Brugeilles et Pascal Sebille :

> Les femmes assument les activités parentales qui s'inscrivent dans l'emploi du temps de la journée – même si elles sont souvent concentrées sur le début de la journée et la fin de l'après-midi – alors que les hommes sont plus impliqués dans des tâches qui se déroulent nettement en dehors des horaires classiques de travail, la soirée et la fin de semaine, et qui donc ont peu d'impact sur leur investissement professionnel[34].

Concrètement, cela donne Maman-Couches et Papa-Histoires.

Lucile Quillet, sur le sujet de l'inégale répartition des charges financières au sein du couple, distingue les tâches liées au périssable et sans intérêt *a priori*, de celles qui portent sur le durable et sont donc gratifiantes, et parle de « Madame PQ » et « Monsieur Voiture[35] ». On est dans la même logique ici, car le périmètre de responsabilités de Maman-Couches inclut de veiller sur le stock desdites couches puisque, comme 3 mères sur 4, c'est elle qui les achète principalement[36]. Les couches sont donc en haut de sa liste des choses indispensables, tout comme le liniment, les carrés de coton, le sérum physiologique, les tétines, le lait, les petits pots, la vitamine D, les habits de bébé, et j'en passe. Une liste du domaine exclusif des mères dans 60 % des cas[37] (contre 2 % seulement des pères, le pourcentage restant étant représentatif d'un partage égal de ces tâches), qui doivent donc anticiper, planifier, comparer et acheter de manière incessante. Le mythe de Sisyphe appliqué à la maternité, qui ne s'arrête pas à la fin du congé maternité : les habitudes sont prises au sein du couple, et les défaire relève trop souvent de l'impossible.

Sans mode de garde institutionnalisé, le sacrifice professionnel et économique des mères

Pour qu'il y ait une reprise, encore faut-il qu'il y ait un mode de garde... Qui n'a jamais entendu un parent s'angoisser de ne pas avoir trouvé de place en crèche ou d'assistante maternelle disponible ? Trouver un mode de garde adapté aux besoins, c'est au mieux un casse-tête, au pire une énorme galère. Le sujet préoccupe les parents dès avant la naissance, car les dossiers de candidature doivent être envoyés à partir du sixième mois de grossesse aux mairies, aux crèches privées et aux assistantes maternelles. Judith, 37 ans, en couple et vivant à Paris, me racontait le lobbying auquel elle a dû se livrer pour parvenir à ses fins :

> Dès le premier jour de mon sixième mois de grossesse, nous avons envoyé des lettres à toutes les crèches, pris rendez-vous avec la conseillère à la petite enfance de la mairie dont nous dépendions, tenté tout ce qu'il était possible de tenter et avons fini, au terme de plusieurs mois de lobbying intense et grâce à une commerçante qui connaissait quelqu'un à la commission d'attribution, par obtenir une place. Pourtant,

notre fille avait 4 mois quand nous avons eu la nouvelle qu'elle serait admise à ses 6 mois, pour la rentrée de septembre : ayant pu bénéficier d'un congé pathologique à cause de suites d'une césarienne difficiles, j'ai donc prolongé jusqu'à la garde grâce à mes jours de vacances cumulés depuis avant même ma grossesse, n'ayant pas de parents sur qui compter à proximité. Une large part de mon congé maternité a été consacrée à cette recherche.

Comme le met en évidence ce témoignage, il faut viser juste quand on a un enfant : s'il naît en février, le congé maternité s'achève en avril-mai, or il n'y a aucune place qui ouvre à ce moment de l'année en crèche, et les assistantes maternelles ont elles aussi leur comptant d'enfants à charge. Il faut donc patienter jusqu'en septembre, soit en pompant tous les congés qu'on aura pu cumuler (et qui peuvent être bien utiles une fois le bébé gardé, s'il est malade ou, plus basiquement, pour prendre quelques jours de repos), soit, si l'on a la chance d'avoir une famille fiable, proche géographiquement et très disponible, en s'appuyant sur cette dernière pour pouvoir retourner travailler. Quoi qu'il en soit, c'est du bricolage, un stress considérable et une énergie qu'il aurait été plus intéressant de consacrer à son bébé, à la rééducation périnéale ou à son propre bien-être en général. Pour les mères solos ou les personnes travaillant en horaires décalés, l'inquiétude est encore démultipliée.

De fait, la recherche de garde est un parcours de la combattante : 79 % des femmes la considèrent « très compliquée[38] ». Et à raison : l'offre est largement en deçà de la demande en France. En 2019, elle était de moins de 60 places[39] pour 100 enfants âgés de moins de 3 ans[40]. La situation est même alarmante dans certains territoires : le taux d'offre de garde est à peine de 32 % en Seine-Saint-Denis, et seulement de 11 % en Guyane. Concrètement, selon le président Emmanuel Macron lui-même, « près de 20 % des parents n'obtiennent pas de mode d'accueil, et plus de 160 000 ne reprennent pas le travail, faute de solution de garde pour leur enfant[41] ». C'est donc un enjeu crucial de politique familiale dans la lutte contre les inégalités – on y reviendra.

Dans ce contexte, nombreux sont les parents qui se retrouvent en situation d'urgence à la fin du congé maternité. Et ce sont principalement les mères qui supportent la charge mentale de cette recherche de garde et qui endossent ce fameux rôle de variable d'ajustement en cas de manque de place, pour des raisons de flexibilité (elles sont encore en congé maternité lorsque les réponses pour une garde arrivent), de salaire (elles sont bien souvent celles qui gagnent le moins au sein du foyer), autant que du fait d'une répartition genrée des rôles entre parents. Les chercheuses Corinne Perraudin et Muriel Pucci appuyaient déjà ce rude constat en 2008 :

> C'est sur les mères que repose l'arbitrage entre travail et famille, cette « conciliation » pouvant aller jusqu'à renoncer à travailler pour garder son (ou ses) enfant(s)[42].

Plus de 15 ans après, à peu près rien n'a changé. 0,8 % des pères prennent un congé parental à plein temps (alors que celui-ci a été réformé en 2014 pour qu'ils prennent davantage part aux tâches parentales et pour permettre aux mères de reprendre le travail plus rapidement) contre 14 % des mères, selon une étude réalisée par l'Observatoire français des conjonctures économiques (OFCE) publiée le 6 avril 2021[43]. Or le congé parental est, pour commencer, soumis à des conditions d'ancienneté (il faut justifier de 8 trimestres de cotisations vieillesse, ce qui exclut par conséquent les femmes en tout début de vie professionnelle), et c'est surtout une garantie de se précariser (il est subventionné à « hauteur » de 422,21 € – le RSA étant de 598,54 €) et de se rendre dépendante de son conjoint. Pour couronner le tout, il ne permet pas, aujourd'hui, de cumuler des points retraite[44] : super, non ? Enfin, bien souvent, ce choix est absolument contraint : selon Olga Trostiansky, fondatrice du Laboratoire de l'égalité, « 60 % des femmes qui sont en congé parental… souhaitaient continuer à travailler[45] ! »

Les conséquences économiques sont énormes pour les femmes, leur carrière et le cumul de leurs points retraite. Selon un rapport Insee :

> En 2020, 48 % des mères en couple avec trois enfants ou plus sont en activité quand au moins un des enfants est âgé de moins de 3 ans, contre 73 % lorsque tous les enfants sont âgés de 3 ans ou plus. Pour les mères de famille monoparentale, le taux d'activité chute à 42 % lorsqu'elles ont deux enfants ou plus, dont au moins un a moins de 3 ans[46].

Comme par magie, seules les femmes sont touchées par cette impossibilité de reprendre le travail : toujours selon ce rapport Insee, « pour les pères âgés de 25 à 49 ans, en couple ou non, le taux d'activité varie peu avec le nombre et l'âge des enfants, et dépasse 90 % ». De quoi voir rouge quand on est une femme.

Les manques de solutions de garde mènent donc la plupart des femmes qui refusent d'envisager de quitter leur boulot à devoir recourir au système D, ce fameux bricolage particulièrement éreintant. Ce fut le cas pour Claire, qui témoignait auprès du magazine *Marie Claire*[47] d'une situation ubuesque qui l'a conduite à confier son fils à une personne différente chaque jour de la semaine pendant un an ! Ou encore de Cynthia, indépendante, qui a dû « faire avec » – entendre « se précariser », comme l'illustre son témoignage :

> Pas de place en crèche avant ses 9 mois, pas de famille à côté, pas de nounou compétente disponible au milieu de l'année, et un père chirurgien avec de lourds horaires : j'ai dû faire comme je pouvais. L'emmener au bureau ou chez les clients, travailler pendant ses siestes ou le soir, scotchée à mes e-mails et à mon téléphone… Mais l'impact sur mon entreprise a été très violent : j'ai perdu 30 % de mon chiffre d'affaires.

La pénalité maternelle

Ces inégalités au sein du couple, et les ajustements qui en découlent sur le temps de travail rémunéré des femmes, pèsent sur les revenus et les trajectoires professionnelles des femmes devenues mères. Car moins de temps passé au travail, c'est moins de rémunération et moins de considération professionnelle. La gifle que se prennent les nouvelles mères à la reprise, elle est là, quand, de manière empirique, elles intègrent progressivement ce que les statistiques nationales nous disent : « Les maternités, principal frein à l'égalité professionnelle[48] ».

Enfin – et la nuance est essentielle –, ce n'est pas tant la maternité que le sexisme et la maternophobie qui déstabilisent les trajectoires professionnelles des femmes, couplés au fait que l'articulation travail/famille soit de leur seul ressort.

Pauline Grosjean est sans équivoque là-dessus, et c'est tout l'objet de son livre *Patriarcapitalisme* que de démontrer « à quel point les normes sociales et la plus grande prise en charge (c'est un pléonasme) du soin des enfants au sein du ménage heurtent la carrière professionnelle des femmes » :

> Ainsi, il n'y a plus à l'heure actuelle tant de discriminations et d'écart salarial entre les femmes et les hommes – à métier égal, notons-le bien [...] – que de discriminations et d'écart salarial entre les mères et tous les autres[49].

Et le prix à payer est lourd pour les mères, d'un point de vue financier, professionnel et moral.

Déjà, les ajustements qu'elles opèrent, bon gré mal gré, sur leur temps de travail ont un coût : celui du manque à gagner lié, par exemple, au temps partiel ou au congé parental à temps complet (rémunéré, je le répète, une somme largement moindre que le RSA), comme celui lié aux congés enfant malade ou sans solde pris pour pallier les situations d'urgence.

À cela s'ajoutent toutes les injustices que le monde du travail peut faire subir aux femmes à leur reprise : mise au placard, temps partiel imposé, report ou gel d'augmentation, promotion retardée ou annulée, ascension ralentie, formation refusée, harcèlement poussant à la sortie, CDD non renouvelé, etc. Autant de freins dans l'évolution des carrières et des revenus des mères, ce que l'État reconnaît en partie puisque l'augmentation de la rémunération des femmes à leur retour de congé maternité – qui est une obligation légale[50] – fait partie des critères de l'index de l'égalité professionnelle, un dispositif obligeant toutes les entreprises d'au moins 50 salariés à évaluer sur 100 points leur niveau d'égalité entre les femmes et les hommes[51] chaque année (remarquons que, sur ce point précis, c'est quand même un comble de donner des points positifs aux entreprises quand elles ne font qu'appliquer la loi !). De fait, il a été documenté que les chances de promotion au sein d'une entreprise se réduisaient pour les femmes après une naissance[52].

Et lorsque, de manière contrainte ou volontaire, les mères se mettent en recherche d'un nouveau travail après la naissance de leur enfant, elles se retrouvent confrontées au « risque maternité », qui va inciter les recruteurs à préférer le ou la candidat·e qui semblera plus disponible, parce que sans jeunes enfants et/ou sans risque de (nouvelle) maternité à venir : le *10e Baromètre de la perception des discriminations dans l'emploi* du Défenseur des droits soulignait que « c'est moins l'âge qui apparaît significativement lié aux expériences de discrimination que la présence d'enfants de moins de 6 ans au sein du foyer[53] ». La situation familiale fait d'ailleurs partie du top 5 des informations personnelles à gommer du CV selon Cadremploi[54]…

Que l'on parle de mobilité interne ou de mobilité externe, les perspectives d'évolution des femmes se trouvent donc rétrécies après leur maternité. C'est le « plafond de mère » conceptualisé en 2016 par Marlène Schiappa avec son association Maman travaille, lequel désigne « l'ensemble des mécanismes économiques, managériaux, psychosociaux qui conduisent à entraver la vie professionnelle des femmes et à brider la carrière des mères[55] ». Et cela a des effets durables à long terme, car c'est généralement à travers les changements de poste et/ou d'entreprise que les salaires et les conditions de travail peuvent progresser de manière significative.

Moins 30 % de rémunération : c'est la pénalité durable qu'entraîne l'arrivée du premier enfant sur la rémunération des femmes, selon les économistes Dominique Meurs et Pierre Pora[56]. Cette chute des revenus a notamment trois origines : interruption de carrière, réduction durable des heures rémunérées et pénalisation en salaire horaire.

C'est ce que l'on appelle la « pénalité maternelle », un phénomène qui désigne et entraîne un décalage croissant entre les carrières et les salaires des pères et des mères, sans que celles-ci puissent rattraper les hommes. Dans le secteur privé, par exemple, quand l'écart de salaire entre sexes chez les salarié·e·s sans enfants se situe autour de 7 % en moyenne, l'écart de salaire moyen entre pères et mères est de 23 %[57], tous âges confondus !

Au final, la pension de retraite des femmes est inférieure de 40 % à celle des hommes en moyenne en 2020 (y compris majoration pour enfants, mais hors pension de réversion)[58].

Bonus paternel et pénalité maternelle : les bons pères de famille contre les nouvelles mémères

> *Après 35 ans, alors que les femmes supportent la quasi-totalité de la charge de la conciliation, l'engagement professionnel des hommes s'accroît : l'enquête indique, par exemple, qu'ils ramènent davantage de travail à la maison ou qu'ils sont plus préoccupés par les problèmes rencontrés au travail. C'est en effet à la trentaine qu'ils voient leur carrière s'accélérer, alors que les femmes bénéficient peu de promotions professionnelles, surtout si elles travaillent à temps partiel ou si elles ont pris un congé parental.*
>
> Ariane Pailhé et Anne Solaz[59]

Et pendant ce temps, les pères continuent leur ascension professionnelle… Car les études montrent que l'arrivée d'un enfant n'a que peu d'impact sur les dynamiques de carrière des pères. Dans le secteur privé, ils y gagnent même un peu en salaire (+ 3 %), quand le salaire des mères à compétences égales subit, lui, une légère baisse (entre - 2 et - 3 %[60]). L'explication principale de ces écarts salariaux réside dans les ajustements de temps de travail pratiqués après une naissance. On vient de voir que le temps de travail effectif moyen des femmes baissait du fait de la conciliation travail/famille, mais il faut aussi savoir qu'à l'inverse les pères effectuent plus fréquemment que les mères des heures supplémentaires lorsqu'ils ont des enfants en bas âge. L'ajustement au sein du couple correspond donc à une augmentation du temps de travail pour le conjoint et à une diminution pour la conjointe[61].

Autrement dit, après la naissance d'un enfant, les hommes sont plus présents à leur travail, et les femmes moins... Ce peut être d'ailleurs tout aussi oppressant pour les femmes que pour les hommes, notamment ceux qui aimeraient passer plus de temps auprès de leurs enfants, mais qui ne peuvent le faire du fait d'une pression financière ou managériale.

Et quand on sait combien le présentéisme pèse dans l'appréciation des salarié·e·s en France, on n'est guère surpris de voir qu'à la « pénalité maternelle » des universitaires mettent en miroir le « bonus paternel[62] » lié à l'aura d'homme responsable, fiable et mature que confère la paternité aux hommes dans l'imaginaire collectif, d'autant plus quand celui-ci redouble d'efforts au travail, montrant ainsi ses pleines capacités à assumer son rôle de « pourvoyeur économique du foyer », selon le schéma de famille traditionnel. La parentalité est ainsi un accélérateur de carrière pour les hommes[63], car on valorise la prise de responsabilités que la paternité leur procure, tandis que c'est un malus professionnel pour les femmes, car le monde du travail ne prend en compte que les contraintes et leur plus faible disponibilité, supposées ou réelles, liées à leur rôle de mère…

Une différence d'appréciation et d'opportunités dans le monde du travail qui peut laisser un goût très amer aux femmes, surtout quand cela donne lieu à ce type de réactions : « Quand un collègue devient papa : cigares et accolades… alors que toi t'as eu droit à "On compte sur votre engagement"[64]. » Ou à l'incursion d'un sexisme bien crasse dans certaines offres d'emploi que l'on peut encore lire en 2023 : « Responsable achats h/f, vous agissez en "bon père de famille" pour garantir la santé financière de l'entreprise[65] » et, dans une autre annonce : « C'est avant tout un état d'esprit que nous cherchons : un candidat h/f motivé, courageux, qui s'investit au sein de l'entreprise et gérera ses chantiers en "bon père de famille"[66]. » Aux bons pères de famille la bonne gestion, et aux mémères l'éternel soupçon selon lequel elles sont incapables de mener tout de front. Cette différence d'appréciation est une injustice supplémentaire pour les femmes, jugées en permanence sur leurs qualités maternelles comme professionnelles.

Le miroir aux alouettes du mompreneuriat

Face à toutes ces injustices d'un monde du travail qui maltraite les mères, et poussées par l'élan d'introspection dans lequel la maternité et la reprise les ont placées, un nombre croissant de femmes se retirent de manière volontaire du monde salarié pour se lancer dans l'entrepreneuriat, en quête d'une meilleure articulation travail/famille.

C'est ce que nous confirme notamment Bérangère Touchemann, autrice du livre *Working mum*[67] et qui, lorsqu'elle dirigeait son cabinet de coaching dédié aux femmes, a vu beaucoup de nouvelles mères se poser la question de l'entrepreneuriat comme « un moyen de s'échapper d'un monde professionnel salarié qui leur est hostile ». Et d'après son expérience, c'est en grande majorité en prévision de la reprise, ou après une reprise compliquée, que cette question vient les titiller :

> Il y a deux types de moments. Le premier c'est à 4-5 mois de grossesse : « Je prépare l'arrivée de cet enfant, peut-être que c'est maintenant qu'il faut que je réfléchisse à l'après. » Et il y a un deuxième cas qui est : « Mon enfant a entre 6 mois et 3 ans, c'est compliqué au travail depuis que j'ai cet enfant, il n'y a plus d'options possibles pour moi dans cette boîte. » Ou alors elles reprennent, ça se passe bien, et tout à coup, burn-out… parce que ça ne se passe pas si bien que ça[68].

Ce phénomène, lorsqu'il opère au moment du post-partum et de la reprise, a même un nom : c'est le « mompreneuriat », néologisme à partir de l'anglais *« mom »* (maman) et du terme « entrepreneuriat », apparu dans les années 1990 aux États-Unis pour désigner toutes celles qui se lancent à leur compte ou créent une entreprise, principalement de chez elles, à l'arrivée d'un enfant. Un phénomène qui a pris de l'ampleur en France avec la création du statut d'auto-entrepreneur en 2009 et l'influence galopante des #instamum sur Instagram, ces mères influenceuses qui font de la mise en scène de leur vie familiale la vitrine d'un business centré sur la création de contenus, les partenariats correspondants et la commercialisation de produits ou de services dérivés. Les (futures) mères sont toujours plus nombreuses à envisager cette voie du mompreneuriat, voire à y penser malgré elles, tant cette image est partout. Sauf que, non content d'être devenu un standard (voire une injonction), le mompreneuriat est une machine à stigmatiser : le terme de « mompreneuse » ne fait qu'enfoncer un peu plus la charge de l'articulation travail/famille sur les épaules des mères. A-t-on ainsi déjà ainsi entendu parler de « dadpreneuriat » ? Évidemment pas.

La réalité du mompreneuriat est loin d'être la planche de salut idéale que nous vantent les médias ou les réseaux sociaux, que ce soit en matière de conciliation ou de revenus. Si certaines s'en sortent bien, la grande majorité se retrouve fortement entravée par les tâches domestiques et parentales, qui prennent trop de temps sur celui alloué au développement de leur activité depuis leur domicile. Car les personnes qui restent au foyer, actives professionnellement ou non, sont perpétuellement les variables d'ajustement du couple du fait de leur plus grande flexibilité.

Le mompreneuriat aboutit le plus souvent à une position de déclassement et de forte dépendance au conjoint. C'est le constat de la sociologue Julie Landour à l'issue de trois ans d'enquête auprès d'un collectif français de mompreneuses[69] : 72 % des femmes interrogées dégageaient un revenu mensuel inférieur au Smic, alors que 78 % d'entre elles déclaraient faire partie des catégories supérieures ou moyennes[70] dans leur emploi précédant leur activité entrepreneuriale. Ou comment la solution de l'indépendance se transforme en piège et en aliénation pour les mères…

Et lorsqu'elles reviennent par nécessité ou par choix dans le monde salarié, elles doivent à nouveau faire face aux inégalités et au double standard qu'opère le monde du travail face à la parentalité. C'est ce qu'a douloureusement vécu Pascale, qui a enchaîné une mise au placard après la naissance de son troisième enfant, puis une dépression et un arrêt de plusieurs mois, à la suite duquel elle s'est lancée dans l'entrepreneuriat, s'est séparée de son conjoint et, pour assumer financièrement ses charges familiales, est finalement revenue dans son entreprise de départ :

> Le fait d'être partie quelques années et d'avoir besoin de réintégrer l'entreprise m'a fait dégringoler dans l'organigramme d'une manière incroyable. Je me suis retrouvée, et c'est le cas encore aujourd'hui, à un poste qui correspondrait à quelqu'un qui sort de l'école, alors que j'ai une vingtaine d'années d'expérience. Mes collègues

masculins qui se sont absentés pour créer une entreprise ou pour une formation, pour un grand voyage ou pour une expatriation, ça a été plutôt des tremplins pour eux… alors que pour les femmes que je connais, c'est plutôt une dégringolade. Mon ex-compagnon, qui est entré sept ans après moi dans ce groupe, avec un niveau de qualification inférieur, doit être aujourd'hui, si je fais un parallèle même si on ne travaille pas dans les mêmes équipes, mon n + 9. Je gagne 2 500 € par mois. Lui doit gagner à peu près le triple[71].

Un monde du travail globalement maternophobe

Les luttes pour l'égalité femmes/hommes et contre les violences faites aux femmes émergent comme des enjeux d'importance, au point que le président Macron en a fait un enjeu de campagne[72] (enfin, plutôt, une campagne de marketing, comme nous l'avons vu précédemment).

Les standards de la RSE (responsabilité sociétale des entreprises) donnent également la part belle à ces problématiques, menant le plus souvent les chef·fe·s d'entreprise à ajouter une femme à leur board pour faire mixte (je caricature à peine). Inutile de dire que rien de tout cela n'est à la hauteur du sujet de départ, et que des micro-actions éparpillées ne changeront pas un système qui met les femmes à terre à des moments de vulnérabilité extrême. Or s'il est un moment de violence symbolique et psychologique au travail, c'est bien celui de la reprise, qui est d'autant plus brutale que, nous l'avons dit, nombreuses sont les femmes qui envisagent leur retour au travail comme une joie (voire un soulagement : « Enfin, je reviens dans le monde des adultes »).

Le silence qui entoure la reprise post-partum dans le monde du travail est le fruit d'une histoire économique et d'une construction sociale qui demande aux femmes d'adopter une posture particulière par rapport à leur double rôle de mère et de professionnelle : une posture volontaire et positive, qui banalise et minimise leurs tourments, faisant de la reprise un non-sujet pour l'ensemble des gens qui les entourent.

Et c'est là tout le paradoxe de cette période qui voit le quotidien et les repères des mères totalement chamboulés, pendant que leur environnement continue d'avancer « comme avant »…

La religion du cloisonnement vie pro/vie perso

Selon Violaine Dutrop, l'étanchéité des sphères domestique et professionnelle est le premier coupable du tabou de la reprise, cette étanchéité étant le modèle sur lequel s'est façonné le monde du travail depuis des décennies.

Un modèle fondé sur une division genrée du travail, elle-même héritée de la révolution industrielle[73], qui a instauré la norme de la famille traditionnelle avec les pères au travail et les femmes au foyer et au soin des enfants… alors qu'elles avaient toujours « publiquement » travaillé avant[74] (aux champs, au marché, dans les échoppes, etc.), du moins les femmes non privilégiées – être femme au foyer ayant été jusque-là un privilège bourgeois.

Cette division genrée du travail a érigé les femmes en gardiennes d'un foyer propre, accueillant et nourricier, à même de mettre leurs hommes dans les meilleures dispositions pour une productivité maximale au travail et d'élever des enfants polis, au fait des conventions de la société, pour qu'ils accèdent à une bonne place dans la société. Une configuration sociale justifiée et entretenue « par l'Église, les médecins, les manuels pratiques et les moralistes en tout genre [pour permettre aux hommes] d'affronter la dure réalité du travail[75] » de l'époque. C'est l'invention de la « ménagère[76] », en réponse aux revendications et à la crise de reproduction de la classe ouvrière face aux difficiles conditions en usine, comme à la doctrine hygiéniste de l'époque, qui visait autant à nettoyer les foyers que les corps et les mœurs[77].

En parallèle, le Code civil de 1804 instituait la différence entre les sexes et la division des rôles et de l'espace : aux hommes l'espace public et les savoirs scientifiques, aux femmes le foyer et la reproduction sociale… Si cela a – heureusement – bien évolué depuis, il n'empêche que cette dissociation des sphères publique/professionnelle et privée/domestique perdure dans les mentalités, au sens où la règle tacite en entreprise est que la vie personnelle et ses contraintes ne doivent pas déteindre sur la vie professionnelle.

Cet état de fait semble s'estomper chez les jeunes générations d'actifs, mais j'ai moi-même – et je ne suis pas si vieille ! –, pendant longtemps, appliqué cette règle, jusqu'à verrouiller presque hermétiquement mes « deux mondes », comme si je menais une double vie : il y avait mes collègues et mes préoccupations « pros », d'un côté, et mon entourage et mes préoccupations « persos », de l'autre. L'inverse en revanche n'est pas vrai, la recherche de productivité et de performance au travail pouvant appeler un débordement sur les temps personnels sans que cela fasse sourciller les employeurs, bien au contraire...

Depuis le XIXe siècle, on pense donc que les tâches domestiques et parentales relèvent « naturellement » et avant tout des prérogatives des femmes, et que celles-ci ne doivent pas entacher la productivité au travail. Malgré l'entrée (ou plutôt le retour) des femmes sur le marché de l'emploi salarié au XXe siècle et malgré une forte progression de leur taux d'activité depuis 1975[78], la société n'a pas révisé cette croyance ni redistribué les rôles et les responsabilités au sein de la famille.

La société est restée « comme avant » : le travail rémunéré, OK, mais en plus de la bonne gestion du foyer et de la famille. Décidément une belle arnaque, ce « comme avant ».

C'est donc logiquement que les femmes de retour de congé maternité se sentent obligées, consciemment ou non, de ne pas faire part au travail des bouleversements et des difficultés qu'elles traversent. Et cela d'autant plus que, outre cette exigence sociale et professionnelle d'étanchéité des différentes sphères de leur vie, elles doivent composer avec un sexisme ambiant et des discriminations liées à leur maternité, parfois dès l'annonce de leur grossesse.

Le travail : une sphère encore très puissamment patriarcale

> *Le temps donné à l'entreprise symbolise la productivité, l'engagement et la valeur personnelle d'un salarié*[79].
>
> Haude Rivoal

Discrimination et harcèlement mis à part, le monde du travail tel qu'il fonctionne aujourd'hui est globalement hostile aux femmes et à ce qu'elles incarnent (la famille), sous-tendant ainsi l'éloignement des hommes de leurs devoirs familiaux (qui, donc, ne sont qu'une affaire de femmes). Laetitia Vitaud, autrice et conférencière sur le futur du travail, analyse comment la structure même du monde du travail est patriarcale, fondée sur un socle de dominations :

> Les jeux de pouvoir, les codes de la réussite et le rapport au temps et à l'espace qui caractérisent aujourd'hui le monde du travail salarié traditionnel n'ont pas été inventés pour un monde mixte et inclusif[80].

Pour comprendre d'où cela vient, il faut revenir à nouveau à la révolution industrielle qui a instauré cette séparation de la sphère productive/

professionnelle. Viviane Gonik, spécialiste des questions de genre et de santé au travail, expliquait ce hiatus à l'aune de la construction des normes du travail et de la distribution des rôles genrés auxquels elle a donné lieu :

> Le travail productif dans l'industrie se constitue alors en rupture avec le travail domestique et familial assigné aux seules femmes. Le travail en usine est pensé, dans sa temporalité comme dans son organisation, en sous-tendant l'existence séparée du travail familial et domestique. Il s'agit d'un travail à plein temps, sans interruption, usant au maximum des capacités physiques et mentales des travailleurs – dont on postule qu'ils sont des hommes – puisqu'ils peuvent se reposer en arrivant à la maison. Le travail productif est organisé selon la temporalité des hommes, affranchis de toutes préoccupations familiales et domestiques[81].

Aux hommes la production, aux femmes la reproduction. Et ce monde du travail d'un autre temps n'a, hélas, que très peu évolué depuis : « Aucun débat au niveau national, aucune discussion générale n'a eu lieu sur comment procéder à cet ajustement sociétal majeur » qu'est l'entrée massive des femmes sur le marché de l'emploi, pointe Céline Alix dans *Merci mais non merci*[82], un essai consacré au phénomène des démissions volontaires d'un grand nombre de femmes à des postes clés, en quête d'un autre modèle de réussite sociale que celui calqué sur des normes et des valeurs patriarcales.

Faute d'une réflexion collective sur notre rapport au travail, on a gardé une culture du travail aux horaires à rallonge, sans prise en compte des contraintes liées à la garde et à la scolarité des enfants, ni du temps nécessaire pour ne serait-ce que répondre aux besoins fondamentaux d'un foyer. Une culture du présentéisme qui, en France, est particulièrement forte chez les cadres, pour qui rester tard est une manière de montrer leur motivation et leur loyauté à leur employeur, quitte à faire semblant de travailler : ainsi, selon un sondage Glassdoor[83] de 2019, 30 % des individus interrogés affirment qu'il est mal vu de quitter le bureau avant 18 heures, et 25 % admettent être déjà restés au bureau juste pour être « bien vus ».

Et si cette culture du présentéisme pèse sur tous les employés – les parents en particulier (66 % des parents d'enfants de moins de 3 ans confient des difficultés de conciliation temps pro/temps perso[84]) –, ce sont sans surprise les nouvelles mères qui en sont généralement les premières victimes : comment prouver qu'on est toujours aussi motivée, quand on ne peut ou ne veut plus rester aussi longtemps qu'avant au travail ? Et comment trouver du sens à ce que l'on fait, si une partie du temps de travail se passe en réunions inutiles ou en reportings incessants – autres symptômes du présentéisme ? Comment accepter ce temps perdu qui ne se rattrape pas auprès de son enfant ?

Autre aspect de cette culture du travail très masculine, l'importance donnée au réseau et aux relations informelles dans les évolutions professionnelles, selon le modèle de réseautage et d'entre-soi hérité des *boys clubs* anglais apparus à la fin du XIXe siècle, clubs privés qui constituaient des endroits de repos et de convivialité où le réseautage pouvait s'effectuer en dehors du cadre strict du travail… « et sans la présence dérangeante des femmes » (!), selon la spécialiste du sujet, Martine Delvaux[85].

C'est ainsi que les pauses-café-clopes, les déjeuners qui s'éternisent et les bières après le boulot sont, depuis toujours, des moments informels de sociabilité et d'entraide professionnelle, des moments où on s'échange à voix basse les informations clés sur tel projet ou sur tel dossier, et où l'on se prévient des mouvements à venir et des opportunités à saisir dans l'organisation…

Sauf que ces temps d'échanges informels sont évidemment peu compatibles avec une vie de famille, qui demande de rentrer tôt pour aller chercher les enfants puis s'en occuper, et donc d'optimiser ses journées le plus possible pour un maximum d'efficacité, en limitant les pauses au minimum.

Et cette perte de liens informels, les mères s'en rendent progressivement compte à leurs dépens après leur reprise, leur nouveau rythme les plongeant dans une certaine désocialisation professionnelle et les exposant à des stigmatisations : « Tu ne viens jamais aux *afterworks* » sonne alors comme un reproche, celui d'être celle qui ne viendrait plus que pour *travailler*, et qui a perdu son aura de meuf cool. Parce que ce sont majoritairement elles qui assument les tâches parentales de fin de journée et qui ne peuvent s'autoriser aucun extra de convivialité en dehors des heures travaillées : c'est « toujours le cas » pour 67 % des femmes, contre 39 % des hommes selon l'étude du Conseil supérieur de l'égalité professionnelle entre les hommes et les femmes (CSEP)[86].

Le décalage que les mères peuvent ressentir à leur reprise trouve aussi ses racines dans les valeurs virilistes que le monde du travail cultive. Parce que la virilité est un idéal de performance, d'autorité et de compétitivité[87], elle entre fortement en dissonance avec l'image maternelle et la réalité concrète que représente l'arrivée d'un enfant.

Il est finalement là, le nœud du problème de la reprise : devoir rerentrer dans un moule professionnel très majoritairement encore hérité des valeurs pensées par et pour les hommes, dans lequel les mères n'ont aucune considération, à un moment de leur vie où elles sont potentiellement plus fragiles physiquement, psychiquement et financièrement, et donc les moins en capacité de défendre leurs droits et leur place dans un monde du travail impitoyable face à celleux qui ne se dévouent pas corps et âme pour l'entreprise.

Un non-sujet dans les entreprises

Avec le « retour à la normale » que présuppose ce terme de « reprise », les employeurs et les managers prennent le plus souvent soin de ne pas anticiper le retour de leurs employées, les mettant (consciemment ou inconsciemment) dans des situations délicates pouvant les conduire au sentiment d'échec. Le constat de l'avocat du travail Luc Kirkyacharian là-dessus est sans appel :

> J'ai rarement vu un patron anticiper ces retours, alors que ces questions sont largement prévisibles et que des solutions peuvent être trouvées. C'est presque au dernier moment que le retour s'organise. Et, très souvent, il s'organise avec plusieurs semaines de retard, ce qui est catastrophique sur le plan humain. [...] Chaque fois que je rencontre une femme qui vient de sortir d'un congé maternité, c'est la problématique centrale, pour l'employeur en premier lieu : comment rendre compatible le retour au travail sans mise à l'écart, sans placardisation, avec les responsabilités familiales et parentales ? Et j'ai l'impression que cette question-là n'a pas évolué de façon significative depuis quarante ans. C'est quand même un constat assez catastrophique[88].

D'un point de vue « optimiste », on pourrait expliquer ce défaut de préparation des retours de congé maternité ou parental par des problèmes d'organisation interne, autant que par un manque de conscience du caractère délicat de cette période pour les mères. Il suffirait alors de mettre en place un process RH clair sur le sujet, accompagné d'une sensibilisation sérieuse et régulière des managers sur les enjeux de cette période, avec rappel des droits liés au retour de congé maternité, adoption ou parental… car il y a tout un ensemble de droits liés à la parentalité (cadres légaux et textes de la convention collective) que plus de la moitié des salarié·e·s déclarent mal connaître[89].

Saviez-vous, par exemple, que l'employeur est tenu de proposer un entretien professionnel (et non un entretien d'évaluation, nuance importante) aux femmes à leur reprise pour aborder leurs perspectives d'évolution professionnelle, notamment en termes de qualification et d'emploi[90] ? C'est un entretien qui peut, entre autres, servir à explorer les mesures d'adaptation pouvant faciliter la reprise, et à faire le point sur les envies et les besoins professionnels des femmes : un entretien somme toute aussi logique qu'essentiel après des mois d'absence, non ? Eh bien, la grande majorité des femmes n'en voit jamais la couleur. À peine un tiers des femmes interrogées dans l'étude Yesweshare[91] en ont eu un ; et encore, pour près de 10 % d'entre elles, c'est à leur demande que cet entretien a eu lieu…

La visite médicale au retour de congé maternité est également une obligation légale, de même que les salariées de retour de congé maternité ont droit à un rattrapage salarial afin de garantir qu'elles ne subissent pas de retard de carrière en raison de leur parentalité[92]. En aviez-vous déjà entendu parler ? Si oui, en avez-vous bénéficié ? Je mets ma main à couper que non. Parce que ce que vivent les mères est déconsidéré, leurs droits le sont aussi.

À cela peuvent s'ajouter d'autres négligences qui finissent par peser gros sur le sentiment de légitimité des femmes, comme on l'a vu en première partie : lorsqu'elles ne retrouvent pas leur chaise, leur casier, leur ordinateur ou encore leur bureau à leur reprise, par exemple. Ou quand elles s'aperçoivent que personne n'a été prévenu de leur retour, qu'elles ne voient plus leur nom dans la liste téléphonique, dans le nouveau trombinoscope ou, pire, dans le nouvel organigramme. Ou lorsqu'on les laisse pendant des semaines dans un flou total sur leurs missions et leurs dossiers, car la réorganisation des projets au sein de leur équipe, en vue de leur retour, n'a pas été anticipée. Certaines femmes cadres s'aperçoivent que leurs clients ou leurs projets les plus intéressants ont été définitivement confiés à quelqu'un d'autre, ou qu'elles ne sont plus conviées aux réunions importantes. Dans ces derniers cas, ce n'est clairement plus de la négligence, mais une mise à l'écart particulièrement sournoise dans la mesure où elle est tacite.

Alors, bien sûr, il y a la vie des organisations à prendre en compte ; tout va si vite désormais que de gros changements dans les équipes ou les projets peuvent advenir en quelques mois, si bien que cela entraîne de la désorganisation – et des « oublis », cela peut arriver. Avoir des managers ou des RH soucieux de la qualité de vie au travail est encore aujourd'hui une chance, et pas une norme.

Les histoires de reprises foireuses sont trop nombreuses pour laisser penser qu'elles sont des accidents individuels ou contextuels : elles sont les symptômes d'un monde du travail peu accueillant, voire franchement hostile dans certains cas, aux femmes devenues mères. Et pour cause : tant que les congés coparent ne seront pas égaux à ceux des mères biologiques, les process de retours ne seront pas pensés. Car lorsqu'un problème est spécifique aux femmes, il tombe aux oubliettes ou est considéré, au mieux, comme relevant de la politique RSE des entreprises, d'avancées avant-gardistes consistant tout simplement à considérer les individus de sexe féminin. Si le problème concernait tout le monde, femmes et hommes, le système se mettrait au pas, et de véritables dispositifs RH seraient instaurés. C'est précisément là que la lucidité prend le pas sur l'optimisme, en considérant que ces manquements légaux et ces négligences professionnelles ne sont rien d'autre que les signes d'un sexisme appliqué à la maternité…

La représentation négative des mères au travail

Un pas que franchit sans hésitation la journaliste et autrice Lucile Quillet qui, à force d'interviewer les femmes sur leurs sujets de prédilection et de préoccupation, en est arrivée à la triste conclusion que les mères au travail sont vues et traitées comme des « demi-salariées » :

> Aux yeux de nombreux managers et employeurs, être mère vous transforme en une demi-salariée. Ils supposent à votre place que vous serez moins investie et moins intéressée, vu tout ce qu'il y a à faire et à gérer à la maison[93].

Devenir mère est ainsi vu comme un coup de canif dans le contrat tacite de loyauté au travail qu'une salariée aurait signé avec son employeur : « Quoi, elle a d'autres priorités dans sa vie que le travail ?! »

Comment le comprendre autrement quand, dès l'annonce de la grossesse de leurs collaboratrices, certains managers – hommes comme femmes, personne n'ayant le monopole du sexisme – peuvent se comporter de manière aussi indécente : « Nooooon, pourquoi tu me fais ça ? », « Tu nous fous dans une merde noire », « Si j'avais su, j'aurais engagé que des femmes ménopausées et des hommes... », « Encore ? Mais vous comptez repeupler la Terre ou quoi[94] ? », « Tu vas pas revenir bosser, si ? » sont quelques-unes des remarques scandaleuses que les femmes peuvent entendre à leurs dépens, comme si le projet de faire famille était une faute professionnelle. Le problème n'est pas anecdotique : en France, près d'un tiers des femmes rapportent avoir eu le sentiment que l'annonce de leur grossesse dérangeait leur manager[95].

Ce type de phrases assassines, certaines femmes vont continuer d'en entendre par dizaines jusqu'à leur reprise, les faisant culpabiliser d'avoir contribué – oh là là – à désorganiser tout le service avec leur fichu congé maternité ! Combien de managers se sont montré·e·s contrarié·e·s à l'idée de devoir repenser leur organisation pour pallier l'absence d'une future mère ? Pourtant, contrairement à un accident, une maladie ou un burn-out, le congé maternité peut s'anticiper des mois à l'avance. Mais on s'en prend moins volontiers à l'incompétence d'un·e manager qui n'anticipe rien et manque de respect envers les employé·e·s qu'à une femme qui a « osé » faire un enfant.

La représentation des mères au travail est parfois si négative qu'elle en devient même un biais très fort de jugement de la valeur professionnelle des femmes. C'est le « risque maternité » dont on parlait plus tôt, cette stigmatisation des mères ou des futures mères qui consiste à les écarter des embauches ou des promotions, pour éviter ou sanctionner toute absence longue liée à un (futur potentiel) congé maternité et/ou à des horaires de travail peu flexibles : « Maintenant que l'on sait que tu veux un bébé, on n'est plus sûrs de renouveler ton contrat », « Vous avez été trop longtemps en congé maternité cette année, vous n'aurez pas d'évaluation et donc pas d'avancement[96] », « Pour avoir ce poste, il faut "les" mettre sur la table, je ne te sens pas très motivée avec tes "problèmes de logistique"[97] »... Non, les employeurs n'ont pas envie de s'embêter avec des personnes aux 35 heures qui refusent les réunions après 18 heures et le travail le week-end...

Et ce risque maternité vaut pour toutes les femmes actives en général, car elles sont toutes vues comme de potentielles futures mères, qu'elles le veuillent ou non : « Le recruteur m'a demandé si j'avais un mode de garde en cas de déplacement... alors que je n'avais pas d'enfants[98] ! »

Il y a même des secteurs d'activité où la culture d'entreprise est si maternophobe que les femmes s'en auto-éjectent, conscientes que le climat de travail à leur reprise ne leur sera pas bienveillant. Grace Ly en fait partie, n'étant pas revenue dans son entreprise après son congé maternité, et en témoignait au micro de *La Reprise* :

> Je travaillais dans le divertissement, où les mères étaient quasi inexistantes : quand elles devenaient mères, elles disparaissaient. En fait, il y avait des pères et des jeunes sans horaires[99].

Le plus insensé dans l'histoire, c'est que cette stigmatisation des mères au travail est non seulement éthiquement révoltante, sans parler de son caractère discriminatoire, mais de plus contre-productive au regard de toutes les compétences (empathie, diplomatie, agilité, gestion de projet, polyvalence, gestion de crise et d'urgences, gestion des priorités, etc. – la liste est longue !) que les femmes développent à travers leur maternité et la reprise et qui, au travail, pourraient être très précieuses. Sauf que les préjugés sur les mères au travail sont tenaces : elles sont des « mamans » avant d'être des professionnelles, là où les pères sont plus que jamais de vrais mecs qui en veulent. Une étude[100], publiée en 2004 et menée par la psychologue sociale Amy Cuddy, montre que, lorsque les femmes actives deviennent mères, elles sont souvent considérées comme plus chaleureuses mais aussi moins compétentes ou moins capables d'effectuer leur travail. En revanche, lorsque les hommes actifs deviennent pères, si on les juge également plus chaleureux, la perception de leurs compétences reste inchangée.

Il va sans dire que l'avènement de l'égalité des congés parentaux – congé maternité et congé second parent – signerait la fin pure et simple de ce pan des discriminations endurées par les femmes parce qu'elles risquent de faire défaut à tout moment à l'entreprise pour cause de maternité. Au regard de cette problématique, la lutte pour l'égalité des congés parentaux en cas de naissance apparaît même comme l'alpha et l'oméga de toute véritable politique d'égalité femmes/hommes, au travail comme à la maison, en plus d'obliger la société à mener une véritable réflexion sur la garde et la place de l'éducation des enfants et le rapport au travail.

Petites piques et grandes discriminations : un continuum d'attitudes hostiles

Le monde du travail voit donc rarement la maternité sous un angle positif et constructif.

Et s'il est illégal de licencier une femme pendant sa grossesse et dans les 10 semaines suivant son retour de congé maternité, la protection[101] dont bénéficient les nouvelles mères n'est pas un totem d'immunité contre toutes les micro- et grandes agressions qu'elles peuvent subir en entreprise. Parce que les manifestations maternophobes peuvent prendre différentes formes à la reprise, sans que cela soit forcément intentionnel, tant les stéréotypes et les préjugés liés à la maternité sont intériorisés.

Une étude commandée en 2018 par le CSEP sur 37 000 salarié·e·s en France démontrait que 80 % des femmes avaient entendu, sur leur lieu de travail, des remarques sexistes liées à la maternité, et que 56 % des hommes en avaient été témoins[102]. Par exemple : « Ah c'est vrai, j'oublie tout le temps ! On ne peut pas compter sur elle le mercredi » (entendu par 57 % de femmes et 39 % d'hommes témoins) ; « Mieux vaut recruter un homme, au moins il ne partira pas en congé maternité » (entendu par 47 % de femmes et 29 % d'hommes témoins) ; « On fera la réunion sans elle : passé 17 heures, elle va récupérer ses enfants ! » (entendu par 46 % de femmes et 28 % d'hommes témoins) ; « Tu viens de prendre un congé maternité, tu comprends que je ne peux pas te donner un avancement maintenant » (entendu par 40 %

de femmes et 18 % d'hommes témoins) ; « Tu comprends bien qu'avec l'annonce de ta grossesse, on reparlera de ta promotion plus tard » (entendu par 30 % de femmes et 14 % d'hommes témoins), etc.

Là où cela devient savoureux (et effarant), c'est que les hommes aussi reçoivent des remarques sexistes… sur le fait que lorsqu'ils accomplissent leur devoir paternel, ils font le boulot de leur compagne. Selon cette même étude, 59 % des hommes ont entendu, sur leur lieu de travail, des remarques sexistes liées à la paternité, et 60 % des femmes en ont été témoins. Dans le florilège : « C'est pas ta/sa femme qui récupère ton/tes/son/leur enfant(s) le soir ? » (entendu par 44 % d'hommes et 43 % de femmes témoins) ; « Ton/Son enfant est malade ? Ta/Sa femme ne peut pas s'en charger ? » (entendu par 44 % d'hommes et 47 % de femmes témoins) ; « Tu crois vraiment que tu as besoin de prendre tout ton congé de paternité et d'accueil du jeune enfant ? » (entendu par 18 % d'hommes et 18 % de femmes témoins), etc.

Il y a aussi toutes ces remarques qui, sous couvert de (fausse) bienveillance ou de connivence, renvoient systématiquement les femmes à leur rôle de mère et à leur assignation aux tâches domestiques et parentales, laissant de côté leur rôle au travail, leurs envies et leurs besoins professionnels. Comme cette directrice qui s'évertuait à présenter ses collaboratrices mères comme « mamans » à chaque nouvelle rencontre professionnelle, les réduisant à ce terme pourtant réservé à l'espace privé et à la relation d'un enfant à sa mère[103]. Ou ce président qui, au bout d'une heure d'entretien sur les préoccupations professionnelles d'une salariée – qui lui expliquait par *a* + *b* les dysfonctionnements de son équipe depuis son retour –, a royalement conclu le rendez-vous par un affreux « Écoute, tu fais tout simplement un baby blues ». Et dans la même veine, cette cheffe qui dit à sa collaboratrice : « Dans tes objectifs, on va mettre "fin de l'allaitement"[104] ! »… Bon sang, mais « lâchez-nous l'utérus ! », pour reprendre les termes de Fiona Schmidt[105].

Ce serait tellement plus simple pour les femmes et leur carrière si tout le monde ne se mêlait pas de leur maternité, alors même qu'on leur demande de n'embêter personne avec leurs contraintes familiales, mais « la maternité n'est pas une affaire privée. Cela a toujours été et restera toujours une affaire publique[106] », selon Orna Donath. Autrement dit, être mère au travail, c'est être sous double, voire triple, surveillance : en tant que professionnelle, en tant que mère et en tant que femme.

Et de la fausse bienveillance paternaliste à la dévalorisation ou à la discrimination, il n'y a souvent qu'un pas, d'autant que les trois peuvent aller de pair, formant, selon les termes du Défenseur des droits, un « continuum d'attitudes hostiles, prenant aussi d'autres formes, pouvant *in fine* constituer un harcèlement multiforme au travail et qui se conjuguent pour alimenter le harcèlement discriminatoire[107] ».

C'est ce qu'a subi Pascale, à l'époque cadre supérieure et qui a témoigné au micro de Charlotte Bienaimé dans le premier épisode d'*Un podcast à soi*, pour raconter comment son poste à responsabilités avait été littéralement vidé de toute substance après la naissance de son troisième enfant :

> Au bout de quelques semaines, il a fallu me fixer des objectifs semestriels, et mon objectif semestriel a été… de ranger le bureau de mon patron. J'étais à l'écart, je n'avais pas de vrai dossier à traiter[108].

Un travail de sape et de délégitimation qui a commencé dès le début de sa reprise, son supérieur hiérarchique comme les RH lui ayant dit d'emblée que son poste n'était pas « pour une mère de famille », parce qu'il exigeait une « disponibilité à 140 % », refusant ainsi sa demande d'un temps partiel à 80 % pour s'occuper de son troisième enfant né prématuré… Résultat pour Pascale : une confiance en elle totalement ébranlée et une dépression avec arrêt de travail de plusieurs mois, jusqu'à son départ de l'entreprise et une reconversion vers l'entrepreneuriat.

Chez d'autres, le harcèlement moral a pris, à l'inverse, la forme d'une pression au travail démesurée, comme s'il fallait à la fois refaire ses preuves autant que payer le prix de son absence liée au congé maternité. C'est ce qu'a vécu Marie, 31 ans, infirmière, pendant des mois après son retour de congé maternité, alors qu'elle appréhendait déjà beaucoup ce moment :

> Ma cadre s'était habituée à ce que je sois cette infirmière-là, celle qui était très disponible. Et ce qui a beaucoup contribué à mon mal-être, c'est qu'elle n'a jamais accepté ce changement. C'est moi qui ai dû m'adapter et qui ai fait beaucoup plus d'heures que je n'aurais dû[109].

Marie s'est même vue empêcher de fêter le premier anniversaire de son fils comme elle l'avait prévu, sa cheffe ayant changé le planning à la dernière minute alors qu'elle avait expressément demandé à être de repos ce jour-là :

Ça a détruit pas mal de choses, même ma confiance en moi, parce que je me suis un peu vue me laisser faire au fil des mois, parce que j'avais pas l'habitude de dire non. Quand je disais non, il se jouait une espèce de petite guéguerre, où ma cadre me harcelait, où elle me menaçait de certaines choses, où elle me faisait aussi beaucoup culpabiliser.

Une professionnelle des RH, elle-même ayant été victime de maternophobie, m'a d'ailleurs confié :

Les discriminations liées à la maternité ? Ce n'est pas un cliché. On est limite plus étonné·e·s quand une femme enceinte n'est pas culpabilisée par son entreprise que l'inverse. J'ai pas mal de gens autour de moi pour qui ça a été compliqué. Pas la majeure partie, je pense, mais quand même… c'est toujours délicat.

Et en effet, selon une étude de 2019 du CSEP, « 84 % des femmes reconnaissent un impact négatif de la maternité sur fond de sexisme ambiant souvent fort[110] ». Près de 1 femme sur 3 considère notamment qu'elle n'a pas eu la promotion qu'elle demandait à cause de son congé maternité, et plus de 1 femme sur 6 s'est sentie mise à l'écart par son manager à son retour.

« Beaucoup croient que ce type de discrimination est révolu, mais en fait il est encore très prégnant[111] », abonde Mathilde Zylberberg, responsable des questions d'emploi auprés du Défenseur des droits, qui a sorti en mars 2022 un guide[112] juridique pour aider les femmes devenues mères à connaître et à défendre leurs droits, espérant ainsi leur faire « prendre conscience qu'elles sont discriminées ». Car celles qui saisissent le Défenseur des droits ou la justice ne sont que la « partie émergée de l'iceberg », beaucoup renonçant à se plaindre par peur de perdre leur emploi.

Les minorités à l'intersection des violences

Quand on ne fait pas partie de la norme dominante (les hommes cis blancs, donc), intégrer le monde du travail puis y évoluer n'est pas chose aisée : c'est le cas des femmes, et tout particulièrement des mères, dans un monde du travail pensé par et pour des hommes supposés se rendre totalement disponibles pour leur employeur.

Quand, en plus de cela, la situation familiale, les origines, la couleur de peau, le statut, les pratiques religieuses, l'orientation et/ou l'identité sexuelle, les capacités physiques et mentales, etc., ne correspondent pas aux « standards » majoritaires, alors reprendre le travail après la naissance d'un enfant peut correspondre à une descente aux enfers, à un entrelacs de discriminations intersectionnelles.

Parce que, dans le cas de ces minorités, la maternité est au mieux peu considérée et le plus souvent impensée, au pire stigmatisée.

La dangereuse précarisation des femmes aux revenus modestes

On l'a vu, l'arrivée d'un enfant a un impact certain sur les parcours professionnels et les salaires des femmes, et cela d'autant plus quand il y a déjà un ou plusieurs enfants dans la famille. C'est particulièrement le cas pour les femmes des catégories socioprofessionnelles modestes, ne serait-ce que parce que l'arbitrage priorités familiales/priorités professionnelles ne se pose pas dans les mêmes termes selon le niveau de salaire, la pénibilité de l'activité ou du secteur et les perspectives de carrière : si l'emploi occupé n'apporte que peu (ou pas) de reconnaissance sociale et financière – *a fortiori* s'il est « alimentaire » plutôt qu'un choix de carrière – ou s'il n'a guère de perspective d'évolution, l'arbitrage après le congé maternité peut aller en faveur d'un temps plus long consacré à son bébé, sous forme d'un congé parental, d'un temps partiel ou carrément d'un départ de l'entreprise, surtout si les revenus peinent à couvrir les frais de garde et/ou si les indemnités du congé parental ou du chômage paraissent incitatives au regard du salaire. Or le revenu salarial net moyen annuel des femmes avec au moins un enfant de moins de 3 ans est de 16 430 €[113] (soit un Smic, grosso modo) : elles sont donc très majoritairement dans le cas de figure où travailler n'est pas « rentable » s'il faut, pour ce faire, financer une garde en sus…

Cet arbitrage peut aussi se faire en fonction de la distance entre leur domicile et leur(s) lieu(x) de travail, leurs faibles revenus ne leur permettant généralement pas de se loger près de leur employeur. La durée des trajets autant que le coût et l'imprévisibilité des moyens de transport (panne de voiture, embouteillages, incidents de métro/train, grèves, etc.) peuvent ainsi peser dans la balance et influer fortement sur la décision d'interrompre ou de réduire le temps de travail salarié, par choix ou par nécessité.

Parfois, ces ajustements liés au temps de travail des femmes aux faibles revenus ne sont pas choisis mais imposés, soit par l'entreprise (interruption d'activité, temps partiel ou horaires atypiques), soit par un défaut de mode de garde (nous avons pu constater précédemment que l'offre de garde en France est bien en deçà des besoins).

Qu'elle soit « choisie » (mais peut-on vraiment parler de choix quand il se fait sous contraintes et/ou que le champ des possibles est en fait restreint par la réalité d'un travail insuffisamment épanouissant/valorisant/rémunérateur, voire maltraitant ?) ou subie, cette réduction – voire annulation – du temps de travail salarié au profit du temps familial, même si elle peut aussi être vécue comme une expérience positive et gratifiante d'un point de vue personnel, a un impact professionnel et financier majeur, à court comme à long terme, ce que confirment les économistes Dominique Meurs et Pierre Pora :

> La pénalité totale après une naissance est beaucoup plus sévère pour les bas salaires que pour le haut de la distribution, et ceci tout le long de la période étudiée [5 ans après la naissance][114].

Ainsi, selon l'Insee[115], pour les femmes aux plus bas salaires horaires, les revenus salariaux baissent en moyenne de 40 % à l'arrivée d'un enfant… alors que les pertes de revenus sont presque négligeables pour les 5 % des femmes les mieux rémunérées. Ces pertes de revenu salarial s'élèvent respectivement à 50 % et à 57 % à l'arrivée d'un deuxième et d'un troisième enfant : pour les plus bas salaires, l'impact d'un enfant supplémentaire sur l'activité féminine persiste ainsi du premier au troisième enfant, alors qu'il reste nul sur l'activité masculine. Le constat est toujours et encore le même : le double référentiel de la parentalité accroît les inégalités entre les femmes et les hommes.

Autrement dit, pour des femmes en couple hétérosexuel qui sont déjà serrées financièrement, les ajustements qu'elles consentent ou subissent pour articuler travail et famille les précarisent – avec des répercussions sur leurs niveaux de vie comme sur leurs retraites – et les rendent particulièrement dépendantes de leur conjoint, renforcé dans son rôle de « locomotive financière » du couple. La durée de ces ajustements et la répartition encore plus inégalitaire des tâches domestiques et parentales qui en découle rendent ensuite difficile le retour à l'emploi, accroissant toujours davantage leur dépendance et la faiblesse de leur retraite à venir…

La précarisation post-congé maternité s'ajoute à celle qui a pu avoir lieu avant l'accouchement, car les femmes avec les emplois les plus instables et avec les professions les moins qualifiées, et de fait les revenus les plus bas, sont celles qui s'arrêtent de travailler plus précocement que la moyenne[116], leurs métiers étant souvent plus physiques (soin, ménage, garde d'enfants) et par conséquent rapidement incompatibles avec une grossesse. Or les arrêts maladies qui précèdent le congé maternité ne sont indemnisés qu'à hauteur de 50 % du salaire[117]…

Et cela dans une indifférence assez générale. L'ONG Oxfam a d'ailleurs fait campagne en 2018 pour alerter l'opinion sur la situation alarmante des femmes « travailleuses pauvres[118] », et la crise sanitaire du Covid-19 a ensuite mis en lumière toutes celles dont les métiers sont « essentiels » mais peu rémunérateurs. Passé les confinements, les projecteurs se sont éteints, et le sort de ces femmes ne s'est guère amélioré depuis.

Inégalités entre les mères

Les femmes employées dans le domaine des services à la personne et de la petite enfance sont en première ligne de ces « travailleuses pauvres ». Alors qu'elles font un travail absolument essentiel à la société, elles se trouvent en bas de l'échelle des rémunérations, avec des conditions de travail aussi pénibles que peu considérées, *a fortiori* quand le travail se fait au noir… soit assez fréquemment puisque, selon le baromètre Oui Care sur le travail au noir, cette pratique concerne 52 % des Français qui ont eu recours aux services à la personne en 2021[119]. De plus, selon le Défenseur des droits, « avec des revenus faibles et variables, elles sont souvent les seules pourvoyeuses de revenus dans leur ménage, soit parce que leur conjoint est au chômage, soit parce qu'elles sont à la tête d'une famille monoparentale[120] ».

Leur situation est d'autant plus précaire, dévalorisée et invisibilisée que « les femmes immigrées sont très présentes dans les métiers sous-qualifiés des services aux particuliers et aux collectivités » :

> Si en moyenne elles représentent 5 % de l'emploi total (femmes et hommes confondus, immigrés et non-immigrés), leur part est nettement plus élevée parmi les employés de maison (37 %, soit sept fois plus), les aides à domicile (trois fois plus), les assistantes maternelles, les agentes d'entretien et les agentes de maîtrise de l'hôtellerie-restauration[121].

L'épineuse question de la délégation des tâches familiales

Pour schématiser à gros traits, on a d'un côté les mères blanches CSP+ comme employeuses, et de l'autre les mères non blanches CSP– comme employées.

Prise sous cet angle, la question clé de la garde des enfants au moment de la reprise prend une dimension politique évidente dans la mesure où elle se trouve à l'intersection des rapports de classe, de race et de genre dans les relations de travail. Tout comme celle de l'externalisation du ménage, qui est souvent évoquée après la naissance d'un enfant dans les familles avec un certain niveau de revenus, et utilisée comme un outil de « pacification conjugale[122] », ce dont Julie témoignait à mon micro :

> Ça va maintenant, on a un bon équilibre, on a trouvé notre rythme. Typiquement, on a pris une personne pour faire le ménage. On fait livrer le courses. Tout ce qui est tâches ménagères, on se le limite au maximum pour que le peu de temps qu'on a ensemble soit de qualité. Et aussi pour ne pas avoir d'engueulades. C'est un petit luxe d'avoir quelqu'un pour faire le ménage. On n'a pas beaucoup de luxes, mais celui-là, on a décidé de le prendre, quitte à peut-être faire moins de sorties, pour avoir la paix au moins à ce niveau-là[123].

Ainsi, le recours à des assistantes maternelles ou à des aides ménagères révèle un nœud dans la réflexion féministe sur l'émancipation des femmes : étant donné que le monde du travail n'est effectivement pas compatible avec la réalité de la grossesse puis de la parentalité, et faute d'un partage équitable et serein des tâches domestiques et parentales avec leur conjoint, les plus favorisées délèguent (contre rémunération, certes) ces tâches et les contraintes liées à leur maternité à des femmes moins privilégiées, pour ainsi contourner l'assignation au foyer et poursuivre leur ascension professionnelle : ce « manquement à l'éthique de justice est le prix qu'[elles doivent] payer pour travailler[124] ».

De là s'instaure un rapport d'interdépendances entre femmes issues de classes sociales généralement opposées, mais aussi d'origines souvent différentes, avec une relation asymétrique et une nette hiérarchie en faveur des plus aisées. Et cela sans forcément que ces dernières soient à l'aise avec ce rapport de pouvoir, ni que cela transcende la division sexuée du travail puisque les hommes restent loin de tout ça, absents de l'organisation du quotidien avec les aides extérieures, comme des responsabilités face à l'enfant et à l'assistante maternelle.

S'agissant des assistantes maternelles et des « nounous », la sociologue Caroline Ibos parle même de « choix rationnels par défaut » :

> Il se trouve que l'absence d'une efficace politique publique de la petite enfance crée un marché de « nounous discount ». Sur ce marché, les employeuses rémunèrent rarement les services qu'elles demandent à leur juste prix. [...] La majorité des particuliers employeurs proposent donc des salaires bas, correspondant au mieux à un montant horaire égal au Smic. [...] Et bien sûr, le faible coût [du travail des nounous] contribue à dévaloriser ce travail[125].

L'enjeu éthique ici est lié à une telle urgence personnelle (avoir une garde pour pouvoir continuer à travailler soi-même) qu'il n'est pas conscientisé par les employeuses, qui perpétuent dès lors une chaîne d'injustices de genre, de classe et même de race. Car les femmes qui emploient peuvent être convaincues par les problématiques de justice sociale sans être conscientes qu'elles se rendent coupables d'injustice en ne rémunérant pas au juste prix ces embauchées précaires à qui elles confient pourtant la prunelle de leurs yeux.

S'intéresser aux aides à domicile et aux gardes d'enfants sous le prisme de la reprise soulève l'impensé de l'identité, de l'histoire et du vécu quotidien des personnes employées. Parce que l'employeuse, « pour éviter de s'avouer qu'elle exploite la misère de l'autre, refuse de connaître sa situation réelle[126] ».

Cela met également au jour les réalités intersectionnelles qui sont les leurs : en France, les assistantes maternelles sont à 99 % des femmes, majoritairement mariées, mères, d'origine modeste, moins diplômées que les salariées du secteur privé et que les auxiliaires de puériculture. À Paris, les assistantes maternelles vivent moins souvent en couple et sont à 55 % immigrées[127].

Les difficultés que les femmes employées de maison peuvent traverser à leur propre reprise (précarité et parfois cumul de contrats, horaires atypiques, éloignement géographique, etc.) pour articuler travail et famille risquent de fortement fragiliser leur état physique et mental, déjà malmené par le fait que, pour pouvoir nourrir leur(s) propre(s) enfant(s), elles doivent elles aussi le confier à d'autres, parent·e ou voisin·e, pour être en capacité d'assumer leurs horaires de travail à forte amplitude.

Dans le cas des assistantes maternelles, leur journée de travail se fait selon les horaires des parents des enfants qu'elles gardent et de leur temps de transport – souvent très long – lorsqu'elles travaillent en établissement ou au domicile des parents : elles partent donc très tôt de chez elles et reviennent aussi très tard. Elles ne peuvent passer que peu de temps avec leur propre bébé, ce qui suscite une forte frustration et autant de culpabilité, sans compter la fatigue physique et mentale inhérente à de longues journées passées à s'occuper d'autres enfants en bas âge. Leur manque de disponibilité pour leur famille est ainsi inversement proportionnel au service qu'elles rendent aux centaines de milliers de femmes qui ne pourraient reprendre le travail sans leur implication.

Comme le souligne la politologue Fatima Ouassak, ces femmes, comme toutes celles qui vont faire la cuisine et le ménage chez d'autres pour un salaire de misère, rêvent d'avoir le temps de faire chez elles ce qu'elles font chez d'autres[128].

À rebours des idées reçues, nombre de sociologues comme Caroline Ibos mettent en lumière le fait que les travailleuses immigrées comptent, dans leur pays d'origine, parmi les femmes les plus éduquées, les plus performantes et les plus ambitieuses, issues de familles en capacité financière de les « envoyer » à l'étranger. Dans le cas des travailleuses domestiques haïtiennes, Rose-Myrlie Joseph[129] fait ainsi référence à celles qui étaient, avant leur migration, les « patronnes de Port-au-Prince », et s'attache à démontrer le processus de déclassement et d'invisibilisation qu'elles subissent :

> Elles sont contentes de pouvoir gagner de l'argent et sont fières de pouvoir travailler, de ne

> pas devoir rester à la maison, de ne pas devoir dépendre de quelqu'un. Mais elles sont très insatisfaites de leur travail et parlent beaucoup de déclassement, voire d'échec de soi et d'échec de la migration. [Pourtant,] quand on parle d'émancipation au travail, on ne regarde même pas ces femmes-là[130].

Un sentiment d'échec d'autant plus fort que ces travailleuses pauvres subissent stigmatisation, mépris social et racisme : des micro-agressions quotidiennes[131] aux discriminations systémiques qui sévissent dans le secteur des services à la personne, le quotidien de ces travailleuses est aussi dur physiquement que moralement selon le Défenseur des droits :

> Les discriminations relatives à l'apparence physique, à l'origine ou la couleur de peau et au fait d'être une femme sont les plus observées par les professionnelles des services à la personne et davantage rapportées que dans la population active globale, reflétant l'importance des normes et pratiques de dévaluation sexiste et raciste dans ce secteur[132].

Ainsi, 43 % des salariées perçues comme non blanches, issues ou non de l'immigration, ont vécu une discrimination dans le cadre professionnel, contre 21 % des salariées perçues comme blanches[133].

Mères isolées et reprise : l'impossible défi ?

Selon l'Insee, une famille sur quatre est monoparentale en France en 2020 avec, dans 82 % des cas, une femme comme cheffe de famille[134], soit pas loin de 2 millions de mères isolées du fait d'une séparation dans la grande majorité des cas (79 % des femmes et 86 % des hommes), d'un veuvage ou du choix d'une maternité en solo.

Ce sont sans aucun doute celles qui cumulent le plus de difficultés dans l'épreuve de la reprise[135]. Et pour cause : jongler entre enfant(s) et travail est une véritable gageure sans pouvoir passer le relais à un conjoint, et les familles monoparentales ne sont pas systématiquement favorisées dans l'attribution des places en crèche :

> Selon la Caisse nationale des allocations familiales, 13 % des structures d'accueil de jeunes enfants retiennent la situation de monoparentalité comme critère favorisant l'attribution d'une place mais beaucoup plus quand l'isolement de

la mère est associé à un autre critère (activité ou recherche d'emploi de la mère par exemple). Cependant, les enfants issus de familles monoparentales ont autant de chances que les autres enfants utilisant un mode de garde extérieur de fréquenter une structure d'accueil collective[136].

Le coût d'une assistante maternelle pouvant être inaccessible pour beaucoup, nombreuses sont les mères solos qui ne peuvent reprendre comme elles le voudraient. Et lorsque garde il y a, la reprise est rendue particulièrement ardue par l'absence totale de prise en compte de la monoparentalité au sein des entreprises : réunions tardives, changements de planning de dernière minute, déplacements non anticipés, événements nocturnes, séminaires hors site sur plusieurs jours font ainsi partie des pires cauchemars de leur emploi du temps surchargé et calé à la minute près. Sans compter tous les imprévus familiaux pour lesquels elles doivent trouver, seules, des solutions d'urgence. Le film d'Éric Gravel sorti en 2021, *À plein temps*, mettant en scène une mère solo interprétée par Laure Calamy courant littéralement d'un bout à l'autre du film pour parvenir à joindre les deux bouts, peut être salué comme un premier pas vers la reconnaissance par le grand public des difficultés invraisemblables que rencontrent les mères célibataires précaires.

Leur situation est d'autant plus stressante et complexe qu'elles doivent composer avec des préjugés particulièrement forts, les condamnant au silence quant à leur situation monoparentale pour éviter toute discrimination : « Un énorme stigmate pèse sur les mères célibataires, présumées moins ambitieuses, moins disponibles[137] », déplore Jennifer Petriglieri, professeure de comportement organisationnel à l'Insead.

Face à la surreprésentation des mères isolées parmi les déclarantes de violences au travail, Sylvie Cromer et Adeline Raymond, chercheuses en sociologie et psychologie pour l'Ined et autrices du volet sur les violences de genre au travail de l'enquête « VIRAGE[138] », émettent l'hypothèse que « les auteurs de violences cibl[erai]ent davantage les personnes seules, plus fragiles économiquement, *a fortiori* quand la personne est l'unique soutien matériel de la famille et qu'elle “doit” travailler[139] ».

Si l'impact de la naissance d'un enfant sur les parcours professionnels des mères isolées n'a pas encore été étudié, on sait que seulement 50 % de celles qui ont un enfant de moins de 3 ans ont un emploi[140]. Selon l'OFCE[141], elles sont également davantage concernées par les CDD et moins par les CDI que les autres parents ; pour 40 % d'entre elles, le fait d'être à temps partiel est subi, contre 22 % pour les mères vivant en couple ; 15 % des mères isolées sont au chômage, soit plus du double des femmes en couple – un taux qui monte à 33 % chez les mères solos de deux enfants.

Résultat : un tiers des familles monoparentales vivent sous le seuil de pauvreté[142]. Et globalement, le niveau de vie des familles monoparentales est faible : selon l'Insee[143], elles disposent d'un revenu deux fois inférieur à celui des couples après transferts fiscaux et sociaux.

Travailleuses indépendantes et maternité : stress et précarité au rendez-vous pour beaucoup

Les difficultés financières pour les indépendantes commencent dès la fin de leur grossesse[144], avec un impact durable sur leur trésorerie et leur niveau de stress au moment de la reprise. Car si elles bénéficient depuis 2019 d'un congé maternité de même durée que celui des salariées, leurs indemnités d'interruption d'activité sont forfaitaires, et non pas proportionnelles à leurs revenus les plus récents (comme c'est le cas des salariées). Ainsi, si leur revenu annuel moyen sur les 3 dernières années dépasse les 4 100 €, elles toucheront un forfait de 60 € par jour (quand les salariées, elles, peuvent recevoir jusqu'à 95 € par jour), jusqu'à 112 jours pour une naissance simple, comme pour les salariées. Ce qui correspond à moins d'un Smic : un minimum qui paraît bien juste pour payer son logement (dont le coût mensuel est aligné sur les revenus habituels) et décemment accueillir un nourrisson. Heureusement, à ces indemnités s'ajoute une allocation forfaitaire de repos maternel de 3 666 € à taux plein, ce qui peut servir à payer les éventuels loyers et charges engendrées par l'activité indépendante.

Mais pour toutes celles qui se sont lancées peu de temps avant leur grossesse[145] et/ou qui ont subi des périodes d'arrêt de plusieurs mois – comme en 2020 et 2021 avec la crise sanitaire, ou suite à des problèmes de santé –, il peut être compliqué de justifier du revenu annuel moyen suffisant pour percevoir les indemnités à taux plein. Elles n'ont alors droit qu'à 10 % de l'allocation et des indemnités forfaitaires… soit 366 € d'allocation et 6 € par jour d'indemnités (quand le minimum est de 10 € par jour pour les salariées les moins rémunérées), ce qui revient à moins que le RSA ! Or 6 € par jour, ce n'est même pas le prix d'un paquet de couches chez un hard-discounter, ni celui d'un lot de bodies chez une enseigne de vêtements à petits prix, et encore moins celui d'une boîte de lait infantile, qui peut coûter au moins le double. Et il ne faut évidemment pas compter dessus pour payer ses loyers et charges professionnelles…

Le pire dans tout cela, c'est qu'entre la théorie et la réalité il peut y avoir un fossé immense, et beaucoup de déconvenues et de stress quant au montant final des indemnités que l'assurance-maladie accepte de verser. Cela a été le cas de la potière Justine Ribera, qui a relaté ses déboires sur son compte Instagram :

> 5 € par jour[146], c'est le montant que l'État voulait me verser pendant mon congé maternité. Je pensais faire partie des indépendantes qui touchent les 50 € par jour. Mais voilà, en plein milieu de ma grossesse, je reçois ce papier qui m'a anéantie. […] Je voulais m'arrêter sereinement de travailler pour m'occuper de mon bébé. Mais l'État ne m'en a pas donné le droit. […] J'ai mis les bouchées doubles à l'atelier pour fabriquer un maximum de pièces avant de m'arrêter. […] Ensuite mon chéri a pris le relais. J'ai dû dépendre de lui personnellement mais aussi professionnellement. J'ai dû vider toutes mes économies. Parfois le patron qui maltraite n'est pas un homme, c'est un système[147].

Tout, dans ce témoignage, démontre le manque de considération à l'égard des indépendantes devenues mères et l'impact désastreux sur toutes les dimensions de leur vie, professionnelle comme personnelle, avec des risques psychosociaux évidents. Il n'y a qu'à dérouler les nombreux commentaires laissés sous son post Instagram pour constater que l'expérience de Justine est loin d'être isolée. En 2021, un sondage de la FNAE[148] mettait en évidence que 20 % des indépendantes qui avaient eu un enfant avaient perçu l'allocation minimale de 5 € par jour. Selon ce même sondage, à cause de l'absence ou de la baisse de cotisations pendant la crise Covid, près de la moitié des indépendantes ont repoussé leur projet maternité.

À la reprise, la situation des femmes qui sont à leur compte (agricultrices, commerçantes, cheffes d'entreprise, professions libérales, micro-entrepreneuses, free lances, artisanes et artistes), ou conjointes collaboratrices, peut également être très problématique : après des mois d'absence, relancer son activité peut signifier devoir redémarrer à zéro ou presque, selon la conjoncture et/ou le secteur d'activité.

Évidemment, quand on est sa propre cheffe, on n'a pas besoin de quémander un jour enfant malade ou un assouplissement de ses horaires à la reprise. Mais si l'on a *a priori* plus de liberté et de flexibilité en tant qu'indépendante, ce n'est pas forcément la garantie d'une parfaite conciliation, cette flexibilité pouvant amener à faire du temps de travail rémunéré la variable d'ajustement de ses contraintes familiales (non rémunérées, elles), surtout si le coparent est salarié et donc *a priori* moins flexible. La sociologue Julie Landour est même plus radicale :

> Loin de favoriser une plus grande flexibilité, l'indépendance semble entretenir, voire renforcer, les inégalités liées au genre[149].

Là-dessus, je vous renvoie à la partie sur le mompreneuriat développé dans le chapitre précédent.

Le panel des situations qui viennent d'être présentées n'est évidemment pas représentatif de toutes les minorités. Il faudrait un livre entier à ce sujet et, surtout, des études spécifiques, qui manquent aujourd'hui pour quantifier et qualifier l'impact professionnel de l'arrivée d'un enfant dans toutes les situations, notamment celles des parentalités multiculturelles dans leur diversité, celles de l'handiparentalité, ou celles des parentalités extra-ordinaires telles que la lesboparentalité ou la transparentalité. De même qu'il est important d'étudier le cas des mères endeuillées qui, en plus de l'épreuve du deuil périnatal, doivent parfois affronter un monde du travail totalement incompréhensif, qui leur impose de reprendre le travail comme si rien ne s'était passé[150].

Justice sociale, prévention des violences et enjeu sanitaire

Pour avoir une vision globale de la condition des mères au travail et des difficultés systémiques de la reprise, il est essentiel de prendre en compte les femmes dans toute la pluralité de leurs identités et situations.

C'est une question de justice sociale évidente, autant qu'un enjeu de prévention des violences, car la grande fragilité professionnelle de certaines femmes à leur reprise peut accentuer leur dépendance financière à leurs conjoints et/ou à leur employeur. Et si aucune forme de violence n'est l'apanage des classes défavorisées[151], la dépendance économique conjuguée à d'autres facteurs de risque peut être un terreau de résignation à supporter une certaine maltraitance, enfermant les victimes dans un cercle vicieux. Il est ainsi nécessaire de considérer leurs situations, les traitements injustes, voire violents, pouvant dégrader leur santé physique et psychique déjà fragilisée par la maternité et la reprise, et d'y voir un enjeu sanitaire majeur.

S'agissant de la violence au travail, « extrêmement présente » puisque touchant la proportion effarante de 1 personne sur 5 [152], l'enquête VIRAGE de l'Ined, un état des lieux majeur sur les violences de genre, révèle que les victimes de violences dans la sphère professionnelle sont plus souvent en difficultés financières que les personnes non victimes. La sociologue Sylvie Cromer et la chercheuse en psychologie sociale Adeline Raymond précisent qu'elles sont aussi plus souvent jeunes, sans conjoint (avec ou sans enfants) et en moins bon état de santé.

Ainsi que le soulignent Sylvie Cromer et Adeline Raymond, une importante dépendance financière à son travail peut entraîner « une forte soumission à une situation de violence [qui] diminue les marges de manœuvre pour décider de quitter un emploi ou d'entreprendre des poursuites (investissement en temps et pécuniaire). Il reste donc à subir, éventuellement à dénier la gravité des faits ». Ce qui peut aussi expliquer le silence et l'isolement dans lesquels certaines femmes se terrent à leur reprise face aux pratiques hostiles de leur employeur, les enfermant dans le cercle vicieux d'une forme d'emprise.

S'agissant de la dépendance économique au conjoint subie par les femmes que la reprise précarise, il y a de quoi s'offusquer du manque de filets dont elles disposent : comme l'explique Françoise Brié, directrice générale de la Fédération nationale Solidarité Femmes, « la dépendance économique est un facteur aggravant pour les victimes de violences conjugales et c'est aussi un frein qui empêche les femmes de quitter leur conjoint[153] ». C'est un sujet d'inquiétude d'autant plus important que cette période de transition peut être, comme on l'a vu, source de tensions au sein du couple. Et des violences économiques aux violences physiques, l'escalade peut être rapide pour les femmes en fin de congé maternité : selon l'enquête VIRAGE, « c'est tout d'abord l'absence d'activité professionnelle qui accroît le risque [de subir] des violences conjugales[154] », et « les éléments "déclencheurs" des violences [au sein du foyer] ont le plus souvent trait à l'organisation de la relation conjugale[155] » – or la naissance d'un enfant fait partie des mentions majoritaires dans les situations de violence déclarées par les femmes.

C'est ce que démontre la campagne de lutte contre le sexisme[156] que le Haut Conseil à l'égalité entre les hommes et les femmes (HCE) a lancée à l'occasion de ses dix ans fin janvier 2023, qui prend le sujet de la reprise comme point de départ d'une escalade de violences d'un homme envers sa compagne, et met ainsi en lumière le continuum des violences de genre. Cette fiction sonore, intitulée « On sait comment ça se termine », met en scène un couple de jeunes parents. La femme cherche à retrouver du travail tout en s'occupant de son bébé, en dépit de l'avis de son conjoint qui n'est pas d'accord pour qu'elle « reprenne déjà le travail », lui assurant qu'elle n'a « pas besoin de ce boulot, [il est] là ». Elle se heurte au risque maternité et à la fausse bienveillance dont on a parlé plus tôt, puisqu'une entreprise chez qui elle avait postulé lui annonce qu'elle n'a pas été choisie en raison de sa maternité : « Vous avez toutes les qualités et votre CV est parfait, mais le fait que vous soyez jeune maman, on ne le sent pas trop. Ça risque d'être compliqué de vous organiser, avec un nouveau-né, et vous risquez de le regretter ensuite… » Ce refus plombe d'autant plus son estime de soi qu'elle est constamment rabaissée par son conjoint : « T'avais raison, je suis nulle. » On comprend vite que cet homme est possessif, malsain et maltraitant, harcelant sa compagne au téléphone toute la journée pour savoir où elle est et ce qu'elle fait, jusqu'à la menacer de mort le soir où il découvre qu'elle n'est pas rentrée chez eux, mais partie se réfugier chez sa sœur car épuisée (et sûrement effrayée) de « toutes ces nuits à se disputer ».

Pour couronner le tout, les conséquences de ces violences sur la santé mentale et physique des femmes rendent encore plus difficile leur bonne (ré)insertion sur le marché du travail, accentuant d'autant plus leur dépendance économique. Un cercle vicieux à briser et qui ne touche pas forcément que les femmes aux bas revenus – les violences conjugales concernent toute la population, faisant fi des classes sociales[157] –, mais qui trouve un terreau particulièrement favorable au bas de l'échelle salariale, du fait du cumul de facteurs de risque pour ces femmes plus dépendantes économiquement et plus isolées socialement que la moyenne.

De l'espoir pour demain ?

Je ne suis pas devin. Depuis que j'explore ce sujet et qu'on me relate tant d'histoires de discrimination maternophobe, je ne suis plus cette éternelle optimiste candide qui pense que tout le monde a forcément un « bon fond ». Mais j'ai sincèrement l'intuition que les prochaines décennies seront plus douces pour les mères, et pour les parents et la famille en général. Alors, après avoir fait l'état des lieux de la situation actuelle et de ses dysfonctionnements, dérives et maltraitances systémiques, voici un peu d'espoir… Puisse l'avenir me donner raison !

Parentalité décomplexée et équilibre de vie : vers un changement de paradigme au travail ?

Avant 2020, si je vous avais dit « post-partum », vous auriez sûrement levé les sourcils et demandé ce dont je parlais. En seulement 3 ans, cette notion s'est fait une place certaine dans nos vies : le hashtag #monpostpartum[158] a permis le partage cru d'expériences maternelles revendiquant leur ambivalence et les difficultés rencontrées, et a libéré la parole tout en déconstruisant le mythe de la « mère parfaite » et de la Wondermum.

En parallèle, le Covid-19 et les confinements associés ont fait apparaître les enfants des parents salariés de bureau dans les visioconférences des télétravailleurs, et les ministères ont dû prendre en considération la garde des enfants dont les parents salariés exerçaient des « métiers essentiels ». Plus possible de nier leur existence et les contraintes liées à leur prise en charge : les salarié·e·s pouvaient enfin assumer au travail leur parentalité sans (trop de) crainte d'être stigmatisé·e·s par leurs supérieurs, tout le monde étant logé à la même enseigne.

Les confinements passés, tout est progressivement revenu « à la normale ». Pour autant, si l'on en croit la Fondation Jean-Jaurès, « plus rien ne sera jamais comme avant[159] ». Et cela d'autant plus que cette crise sanitaire, couplée avec la crise climatique et les tensions liées à la guerre en Ukraine et à l'inflation galopante – pour ne citer que quelques-uns des sujets d'inquiétude actuels –, a poussé les Français·e·s à repenser leurs priorités de vie et de travail, et exacerbé leur volonté de se recentrer sur leur cercle familial, espace refuge où ils puisent sécurité et réconfort en cette période anxiogène, aux horizons incertains.

L'équilibre pro/perso apparaît désormais tout en haut de la liste des critères jugés importants par tous les salarié·e·s (89 %), juste derrière le salaire (90 %)[160]. Et pour les travailleur·euse·s de bureau, l'équilibre pro/perso (66 %) est même loin devant les autres priorités, le salaire (49 %), le bien-être au travail (46 %) et la quête de sens (43 %) se disputant les places suivantes[161]...

Derrière ces aspirations à une meilleure qualité de vie, c'est tout un rapport au travail qui se réinvente en France et dans le monde, notamment aux États-Unis qui ont vu apparaître des vagues de démissions massives (la fameuse « Great Resignation[162] », ou Grande

Démission), et qui inverse les rapports de pouvoir entre employé·e·s et employeurs : désormais, les employeurs aussi doivent rendre des comptes et assurer pour garder leurs contingents intacts. Selon une analyse de l'Ifop pour la Fondation Jean-Jaurès :

> [On assiste à] un renversement des aspirations et des symboles de réussite professionnelle hérités des Trente Glorieuses et ayant prospéré dans les années 1990. Le rapport au temps de travail, à l'espace de travail et à la culture managériale est ainsi aujourd'hui fortement challengé[163].

Concrètement, c'est, pour les rédacteurs du rapport, Flora Baumlin et Romain Bendavid, la fin du « salarié qui ne compte pas ses heures ». Et de fait, assez vite, les entreprises paniquées ont découvert un autre phénomène : le *quiet quitting*[164], expression venue des États-Unis pour désigner cet appel de tiktokeurs non pas à « démissionner silencieusement », comme la traduction littérale pourrait le laisser penser, mais à refuser de travailler au détriment de sa vie personnelle et de sa santé mentale. Soit une forme de résistance aux heures sup' et aux tâches hors contrat, en faisant le minimum attendu de la fiche de poste – quand il y a quelques années encore, il était socialement valorisant de paraître surchargé·e de travail… Adieu le présentéisme ? Pas encore, mais les chiffres ne sont pas négligeables : en 2022, 1 salarié·e français·e sur 5 (21 %) serait un·e *quiet quitter*, d'après l'Ifop[165]. Notons également que 61 % des salarié·e·s français·e·s en 2022 préfèrent désormais gagner moins d'argent, mais avoir plus de temps libre ; alors qu'ils n'étaient que 38 % à avoir cette préférence en 2008[166].

Attention, on ne parle pas d'une révolte de glandeurs, mais bien d'une « sécession des gens ordinaires[167] », selon l'expression d'Alain Supiot, juriste professeur au Collège de France. Des gens ordinaires qui arrêtent de se surinvestir au travail pour ralentir la cadence, au profit d'une nouvelle hiérarchie de leurs priorités et des joies simples d'une vie ordinaire – par exemple, aller chercher son enfant à la crèche – et/ou comme « mécanisme de défense[168] » pour se protéger d'un monde du travail trop peu reconnaissant, voire maltraitant…

Impossible de ne pas faire le lien avec la situation de nombreuses mères à leur reprise, à l'avant-garde donc d'un rapport plus sain au travail, même si, en ce qui les concerne, la rupture avec leur employeur s'accompagne d'une somme de violences ciblées directement sur elles en tant que mères. Il n'empêche que les révolutions du travail depuis la crise sanitaire de 2020 ont fait émerger de nouvelles réflexions et prises d'action chez les employeurs, qui ont compris que leur marque employeur devait inclure le respect de la vie de leurs salarié·e·s. La sociologue Maëlezig Bigi souligne ce changement :

> La somme de ces comportements individuels [*quiet quitters*, simples parents et tous ceux qui sont en quête d'un meilleur équilibre de vie] pourrait avoir une portée politique en remettant en question le fonctionnement du système productif[169].

Une conscience plus aiguë et mieux partagée des inégalités

Jean-François Bertholet, expert canadien du travail, apporte un éclairage complémentaire à cette tendance mondiale à lever le pied, en mettant en avant le contexte social actuel et l'aggravation des inégalités sociales depuis la crise sanitaire, « avec des riches encore plus riches et des pauvres encore plus pauvres ». Selon lui, « le *quiet quitting*, c'est un peu une revanche silencieuse, un moyen de perturber les performances des grandes entreprises, tout en continuant à gagner un salaire[170] ».

Ce serait donc le symbole d'une génération de travailleur·euse·s plus consciente des inégalités et des discriminations. Selon un récent rapport du HCE, les jeunes qui arriveront dans quelques années sur le marché du travail en font déjà leur combat, bien davantage que ne l'ont fait les précédentes générations :

> Les 17-19 ans ont une conscience plus aiguë des inégalités de genre et de leur caractère systémique. À travers l'usage renforcé des réseaux sociaux, les jeunes, et notamment les jeunes femmes, se montrent très engagé·e·s dans la défense des droits des femmes et la promotion de l'égalité de genre. La division des tâches domestiques est, entre autres, un point d'alerte unanimement partagé par cette classe d'âge[171].

Le lien entre vie professionnelle et vie domestique est très clair, et la jeune génération semble l'avoir intégré (avec une maturité assez époustouflante) : 93 % des filles et 87 % des garçons interrogé·e·s par le HCE affirment ainsi que les tâches domestiques doivent être réparties à parts égales dans un couple[172].

La division des tâches au sein du foyer, reparlons-en justement. Depuis la crise sanitaire, il est très compliqué d'occulter ou, pire, de nier le poids de ces tâches sur les femmes puisque ce sont elles qui ont assuré en période de confinement la grande part de la gestion des enfants, et cela de manière enfin visible par leurs conjoints comme par les médias et les institutions, qui ont multiplié les études et les réflexions à ce sujet[173]. Les conséquences des inégalités domestiques ont été désastreuses sur leur carrière :

> Parmi les personnes en emploi, les mères ont, deux fois plus souvent que les pères, renoncé à travailler pour garder leurs enfants (21 % contre 12 %)[174].

L'espoir que la répartition des tâches tende enfin, réellement, vers un partage plus égalitaire, l'anthropologue Mounia El Kotni le partage : au travers d'une enquête[175] sur le vécu du post-partum à Paris chez des femmes issues de couples hétérosexuels, elle a été agréablement surprise de découvrir une bien meilleure implication des conjoints qu'à l'échelle nationale[176]. Ainsi, à la question « Qui réalisait la majorité du travail domestique (tâches ménagères, administratif, soin des autres enfants) pendant votre post-partum ? », si près de 1 femme sur 2 a dû la gérer seule ou avec un peu d'aide uniquement du conjoint (seule à 7,5 %, avec un peu d'aide à 38 %), 1 femme sur 4 (24,5 %) a quand même pu se reposer totalement sur son conjoint, et 26,5 % l'ont fait à parts égales entre conjoints. Je rappelle ici, même si les chiffres ne sont pas tout à fait comparables, que 72 % des tâches domestiques et familiales sont assurées par les femmes au niveau national[177].

Certes, l'échantillon d'étude de Mounia El Kotni n'est pas assez grand pour en tirer une conclusion plus large, d'autant que les couples parisiens ne sont pas représentatifs du reste de la population française, avec une surreprésentation des cadres (34,3 % des ménages parisiens, selon la catégorie socioprofessionnelle de référence, *versus* 11,6 % au niveau national[178]). Mais on peut quand même se réjouir d'une telle tendance car « ce qui est assez inattendu, c'est que, dans 26 % des cas, les soins de l'enfant étaient répartis à parts égales ET les tâches ménagères étaient prises en charge par le conjoint[179] ».

Un espoir que porte également le HCE : la génération Z pourrait voir « une nette amélioration dans le partage des tâches tant domestiques que familiales[180] », et qui s'inscrit dans la lignée des enseignements des enquêtes « Génération » du Céreq[181] :

> En douze ans, entre 2005 et 2017, la part de couples traditionnels [où la femme s'occupe principalement des tâches ménagères] s'est réduite de la moitié à un tiers de l'ensemble. Celle du modèle paritaire [implication égale des deux

> conjoints] est passée de 37 % à 45 % et celle des couples modernes [quand la femme s'implique moins que l'homme] de 14 % à 19 %. Ces évolutions indiquent que la répartition des tâches tend à s'équilibrer, mais lentement, au fil des générations[182].

Et si le boom tant attendu des « nouveaux pères » tarde encore à se vérifier au niveau des statistiques nationales (verdict à la prochaine enquête « Emploi du temps » de l'Insee, prévue en 2025, avec une première publication des résultats possible en 2027[183]), il faut désormais compter avec des femmes plus au fait des injustices systémiques qui pèsent sur elles, et bien plus prêtes à en découdre qu'avant, particulièrement celles ayant investi dans leurs études et leur carrière pour assurer leur émancipation, et aspirant dès la mise en couple à une réelle égalité au sein du foyer. Un postulat dont me faisait part Mounia El Kotni lors d'un entretien pour ce livre :

> Je pense que les femmes issues d'un certain milieu (études supérieures, sensibilisation féministe, forte consommation culturelle…) ne se laissent plus faire, et que les hommes doivent suivre le pas. Je ne pense pas que cela vienne forcément d'eux en premier lieu.

Et ce sera d'autant plus le cas dans les années à venir puisqu'on peut lire dans le rapport du HCE sur les jeunes générations que les jeunes femmes envisagent leur avenir en laissant une place plus importante à leur carrière et à leur autonomie : « avoir un métier qui m'intéresse » et « avoir mon indépendance financière » sont ainsi, à parts égales (48 %), leurs deux premières priorités[184].

L'empouvoirement des mères

Cette assertivité des femmes, on la doit beaucoup aux mouvements #MeToo et #Balancetonporc qui, en plus de libérer la parole, ont agi comme les catalyseurs de nouvelles mobilisations et sensibilisations : *Scientia potentia est* (« Le savoir, c'est le pouvoir », slogan bien connu des militant·e·s). Le HCE l'atteste dans son rapport 2023 sur l'état du sexisme en France :

> Depuis cinq ans, les nouvelles mobilisations féministes, notamment jeunes, sont particulièrement abondantes : elles explorent tous les pans de la vie quotidienne (rapports amoureux, tabou des règles, liberté de s'habiller, dénonciation des discours sexistes dans les médias ou dans la

publicité, injonctions à la maternité, endométriose, écoféminisme…), occupent tous les formats de sensibilisation (presse spécialisée, réseaux sociaux, podcasts), et proposent de nouvelles occupations de l'espace public (collages, festivals, 100 000 personnes défilant le 25 novembre 2022 pour la Journée de lutte contre les violences faites aux femmes)[185].

On doit aussi cette libération aux réseaux sociaux, qui ne font pas que propager clichés et injonctions, mais offrent également aux individus un espace d'expression et de réflexion commune précieux pour sortir un à un les tabous liés à la condition des femmes. C'est ce que résume Warda Khemilat, dont la thèse est consacrée à l'impact de #MeToo sur les politiques locales et les discours collectifs :

> Les réseaux sociaux agissent comme levier des mobilisations et des revendications féministes fondé sur un *empowerment* permettant dedonner la parole au point de vue des opprimé[·e]s, habituellement sous-représenté[·e]s dans les espaces médiatiques traditionnels[186].

Et c'est grâce à ces réseaux que, petit à petit, les femmes devenues mères se familiarisent progressivement et/ou renouent avec des concepts, aspirations et revendications féministes, sous l'impulsion de comptes militants[187] tels que celui d'Illana Weizman qu'on ne présente plus (près de 55 000 abonné·e·s), celui lancé par Fiona Schmidt (@bordel.de.meres) qui vise à dynamiter les préjugés et les injonctions concernant la maternité et la non-maternité (près de 75 000 abonné·e·s), ou encore celui du collectif @taspensea, lancé par Coline Charpentier pour illustrer et dénoncer la charge mentale au sein du couple (plus de 180 000 abonné·e·s).

La maternité, qui a longtemps été un angle mort du féminisme[188], revient depuis quelques années sur le devant des luttes grâce aux efforts conjugués de penseuses, podcasteuses et militantes[189] pour faire valoir la dimension politique de ses enjeux. L'autrice américaine bell hooks en a été l'une des pionnières dès 1984 avec son livre *De la marge au centre* :

> La parentalité des femmes est un acte important et estimable qui doit être reconnu comme tel par tout le monde dans cette société, y compris par les militantes féministes. C'est un acte qui devrait obtenir la reconnaissance, l'éloge et la célébration qu'il mérite[190].

Le materféminisme[191], ou féminisme du quotidien et de l'intime, donne aux mères une grille de lecture déculpabilisante des difficultés rencontrées à la maison comme au-dehors, leur permettant d'en comprendre la dimension systémique, ainsi qu'un décryptage de leurs droits et des *safe spaces*[192], virtuels ou physiques, pour partager en toute sécurité leurs vécus et les questionnements, constituant une communauté de soutien particulièrement précieuse pour les mères, très isolées durant leur post-partum et leur reprise.

En parallèle de cette montée en puissance des enjeux féministes autour de la maternité, on assiste à une débanalisation des souffrances et des violences au travail grâce, là encore, au pouvoir de libération de la parole sur les réseaux sociaux. Dans la mouvance du mouvement #Balancetonporc, des comptes comme @Balancetonagency et @Balancetastartup, et une myriade d'autres comptes sectorisés, dénoncent les abus, les harcèlements et les discriminations dans leurs secteurs respectifs, en partageant les témoignages anonymes qu'ils reçoivent. Le sujet est d'importance puisque, sur la seule thématique du harcèlement, les chiffres font déjà froid dans le dos. Selon le *Baromètre du harcèlement au travail* Qualisocial × Ipsos 2022[193], 1 salarié·e sur 3 (35 %) déclare en avoir déjà été victime, et 1 manager sur 3 (36 %) a le sentiment d'avoir perpétré du harcèlement durant sa carrière.

Certaines catégories sont particulièrement touchées, notamment les moins de 35 ans (43 %), les salarié·e·s de petites entreprises (38 %) et les femmes (38 %)… L'âge moyen à l'accouchement en France étant de… 31 ans[194], impossible de ne pas voir de lien entre ces statistiques et le sujet qui nous occupe ici, d'autant que, rappelons-le, plus de 1 femme sur 6 s'est sentie mise à l'écart par son manager à son retour de congé maternité[195].

Il est plus que temps que la honte et la peur changent de camp. L'avocate Élise Fabing[196], en croisade contre le harcèlement au travail, le souligne :

> Dénoncer ce qu'il s'est passé [à savoir les harcèlements de tous ordres], c'est hyper important. C'est nécessaire pour toutes. Parce qu'il faut montrer aux femmes qu'elles ne sont pas seules à subir ces traumatismes. Et parce qu'il faut sensibiliser l'opinion publique sur toutes ces causes-là[197].

Vu le succès des comptes @Balancetonagency et @Balancetastartup, rassemblant respectivement plus de 310 000 et 185 000 *followers*, il y a fort à parier que le vent est bel et bien en train de tourner : organisations et managers toxiques, vous pouvez trembler !

La multiplication (forcée) des initiatives privées

En parallèle et en réponse à tout cela, les entreprises et les branches commencent depuis quelques années à s'organiser. Leur besoin est clair : fidéliser et attirer les salarié·e·s.

La mutation progressive des secteurs en tension

C'est particulièrement le cas dans les secteurs et les métiers dits « en tension », en proie à une pénurie de candidat·e·s liée à leur faible attractivité (des métiers qui peuvent cumuler rémunération souvent faible, horaires atypiques et pénibilité physique). Selon le baromètre Adecco Analytics[198], sur les 20 métiers les plus porteurs en besoins de recrutement en 2023, 17 risquent d'être en tension, dont celui d'aide-soignant·e. Parmi les secteurs les plus en tension, on retrouve notamment ceux de l'hôtellerie-restauration[199], de la santé et du paramédical[200] et des services aux entreprises[201] (nettoyage des locaux en particulier) – où la proportion de femmes est très importante.

L'hôtellerie-restauration est très représentative de cette crise liée aux conditions de travail des salarié·e·s : lors de la pandémie de

Covid-19, ce secteur a vu nombre de salarié·e·s démissionner et ne pas revenir après la crise. Par conséquent, le secteur a été obligé de changer : mise en place de jours de fermeture correspondant aux jours de congé des personnels, allègement des horaires ou encore valorisation des savoir-faire sont quelques-unes des mesures prises dans ce secteur[202], réputé pour être très difficilement compatible avec une vie de famille (en tant que fille de restaurateurs, je suis bien placée pour en parler…).

L'État s'en mêle

Ce sont aussi des obligations légales qui font bouger les entreprises, particulièrement en matière de diversité et d'inclusion, ainsi que d'égalité femmes/hommes. La récente loi Rixain votée fin 2021 en a rajouté une couche, avec notamment l'extension de l'index de l'égalité professionnelle à toutes les entreprises d'au moins 50 salarié·e·s, les obligeant à publier d'éventuelles mesures de correction et des objectifs de progression. De même qu'elle a instauré de nouveaux quotas pour renforcer la proportion de femmes parmi les cadres dirigeant·e·s et les instances dirigeantes dans les sociétés de plus de 1 000 salarié·e·s :

> Les entreprises devront atteindre un objectif de 30 % de femmes et d'hommes cadres dirigeants et de 30 % de femmes et d'hommes membres d'instances dirigeantes à partir du 1er mars 2026. Cet objectif sera de 40 % à partir du 1er mars 2029 : les entreprises disposeront alors d'un délai de deux ans pour se mettre en conformité avec ces objectifs, sous peine de pénalité financière[203].

Or on est loin du compte aujourd'hui « même si, dans les comités de direction, la présence des femmes est passée de 7 % en 2014 à 18 % aujourd'hui[204] », selon Anne-Françoise Bender, maîtresse de conférences au Conservatoire national des arts et métiers (Cnam). Pour respecter les échéances de 2026 et 2029, c'est maintenant que les entreprises concernées par ces nouveaux quotas doivent identifier les talents féminins à fidéliser et à accompagner jusqu'aux postes de direction. Et pour cela, il est nécessaire de prendre en compte leur maternité éventuelle, de bien les réintégrer à leur reprise, et de les accompagner dans leur conciliation des temps travail/famille. Bref, ces entreprises n'ont plus d'autre choix que de mettre en place une politique volontariste et concrète de soutien à la parentalité, qui puisse créer un environnement favorable aux salariés parents tout en contribuant à faire évoluer les mentalités dans l'organisation.

Et des chartes de bonnes pratiques émergent

Et si plusieurs dispositifs d'engagement existent pour aider les structures employeuses, deux sortent du lot dans la mesure où ils sont fondés sur une pleine compréhension des parcours et des besoins parentaux. Cerise (nécessaire) sur le gâteau : tous deux proposent un volet spécifique sur la reprise.

Le premier dispositif, c'est le « Parental Challenge », créé en novembre 2021 par deux mères actives et militantes, Judith Aquien et Selma El Mouissi. Il s'agit à la fois d'un guide, « avec 100 actions à lancer dont deux tiers à coût zéro, des exemples concrets de mesures mises en place par d'autres entreprises, des rappels du cadre légal[205]... », et d'une charte composée de 12 engagements que les entreprises peuvent signer. Par exemple : « Mettre en place des horaires de travail qui n'excluent aucun·e salarié·e », « Maintenir à 100 % le salaire et pratiquer la subrogation[206] de salaire durant les congés maternité et second parent » ou encore « Accorder au moins 5 jours de congé "enfant malade" rémunérés ». Surtout, la charte du

Parental Challenge insiste sur la confidentialité nécessaire de tout process RH relatif à la parentalité et sur la lutte interne contre les discriminations (passant aussi par le respect pur et simple de la loi, la diffusion proactive de leurs droits aux salarié·e·s, et un travail renforcé sur les départs et les retours de congés maternité, second parent et parentaux). La force et l'intelligence du Parental Challenge est de considérer la notion de parentalité dès le désir d'enfant, et ainsi de proposer un accompagnement aux (futurs) parents dès le début de leur parcours vers la parentalité, qu'il soit « classique », « assisté » (PMA, adoption) ou « accidenté » (avec la prise en compte – majeure – des arrêts naturels de grossesse et du deuil périnatal), tenant ainsi compte de ces fameux 3 premiers mois de grossesse dont le voile du tabou se lève peu à peu grâce au livre de Judith Aquien[207].

À fin mars 2023, 142 entreprises étaient signataires du Parental Challenge, soit 32 500 salarié·e·s impacté·e·s. Beaucoup sont issues du secteur de la tech, à forte dominante masculine et jeune, mais l'influence du Parental Challenge commence à s'étendre à des secteurs d'activité plus « traditionnels », comme le conseil avec PWC ou l'industrie de la beauté avec le groupe L'Oréal.

L'autre dispositif d'engagements envisageable est la Charte de la parentalité en entreprise, portée par l'Observatoire de la qualité de vie au travail, lancée dès 2008 et actualisée en 2022 dans une « logique inclusive », « en prenant notamment en compte la question de la parentalité tout au long de la vie et des nouvelles configurations familiales : familles monoparentales, familles recomposées, familles homoparentales, aidants familiaux[208] ». Cette charte s'accompagne aussi de guides pratiques contenant des idées d'actions et des bonnes pratiques d'entreprises signataires, avec cette spécificité, par rapport au Parental Challenge, de voir au-delà de la petite enfance, jusqu'à l'adolescence, et de prendre en compte toutes les situations de vulnérabilité familiale (séparation, monoparentalité, veuvage précoce, aidants familiaux). À fin mars 2023, cette charte compte 54 signataires de la nouvelle version, et 750 signataires de l'ancienne, employeurs publics et privés, qui représentent 30 000 établissements, soit plus de 6,5 millions de salarié·e·s en France (20 % de la population active).

Si je vous parle de démarches larges de soutien à la parentalité, et non de dispositifs uniquement dédiés au retour de congé maternité, c'est parce que j'ai l'intime conviction que nous avons à fonder toute une culture de bienveillance et de prise en compte de la (future) parentalité dans son ensemble afin que les parents-salariés se sentent enfin bienvenus et intégrés dans la sphère professionnelle. Envoyer une box post-partum ou organiser un pot de retour peut faire plaisir, mais ne facilite en rien la conciliation pro/perso – et pire, cela peut s'apparenter à un genre soft de *parental-washing* à l'heure de la RSE tendance. Les véritables enjeux sont ailleurs et ils sont colossaux : il faut les prendre au sérieux et nous donner les moyens de nos ambitions.

« Résister, c'est exister[209] » : faisons entendre la voix des mères !

Je pense que la maternité, la grossesse et la reprise sont de grands moments de vulnérabilité personnelle et professionnelle. C'est là que beaucoup de choses se jouent pour les femmes et que les inégalités prennent leurs racines. Il est hyper essentiel de se battre pour les femmes, et sur ce volet-là surtout. Parce que si on n'a pas un monde du travail plus juste, la société ne sera jamais meilleure. Et défendre les mères, c'est défendre les femmes au global[210].

Élise Fabing, avocate

La reprise, la maternité, c'est le grand sujet, ou l'un des grands sujets, de la lutte contre les inégalités femmes/hommes au travail. Tant qu'on ne règle pas cela avec

> *des textes très contraignants, on ne change rien*[211].
>
> Luc Kirkyacharian, avocat

Étudier la condition des femmes après le congé maternité, c'est faire le constat que leur émancipation est loin d'être garantie, et leur dignité pas toujours respectée. Au contraire, la reprise peut être pour les femmes le point de bascule vers une dépendance financière, à son ou sa conjoint·e et/ou à son employeur, voire une précarisation économique, avec toutes les conséquences que cela implique sur leur vulnérabilité aux violences au sein du foyer ou au travail, comme sur leurs trajectoires professionnelles et leurs retraites ensuite.

La reprise est le reflet de toutes les charges et injonctions qui pèsent sur les femmes, le baromètre de la culture sexiste et maternophobe du monde du travail, et le catalyseur de toutes les inégalités sociales. C'est pourtant un non-sujet pour la société, ce qui en dit long sur la dimension systémique du problème.

Il est plus qu'urgent de mettre fin à cet impensé, de lever le tabou sur les difficultés des femmes, et d'agir pour faire de l'articulation travail/famille et de l'équilibre des temps de vie un véritable enjeu collectif. Le problème étant multidimensionnel, intime comme politique, la source des difficultés multifactorielle, et la réalité des contextes et des vécus plurielle, la solution miracle et unique n'existe pas. Il faut compter sur une posture volontariste de changements et un arsenal d'actions complémentaires pour espérer faire bouger les lignes en faveur des femmes – de *toutes* les femmes.

Une prise de conscience collective et politique essentielle

La mobilisation de toutes et tous est indispensable (coparent, membres de la famille, voisin·e·s, ami·e·s, collègues, supérieur·e·s, RH, employeurs, élu·e·s, institutions, professionnel·le·s de santé, etc.).

Certes, les femmes peuvent agir à leur niveau en s'informant et en se préparant en amont pour une reprise un peu plus sereine, mais il serait absolument faux et injuste de laisser penser que l'amélioration de leurs conditions de reprise repose sur leurs épaules. Il en va de la responsabilité de leur entourage, tant personnel que professionnel, de ne plus fermer les yeux sur leurs difficultés et de les accompagner durant cette période particulièrement énergivore et déstabilisante. Le premier pas vers le changement, et non le moindre, est ainsi de montrer de l'attention aux femmes qui vont ou viennent de reprendre, de leur donner la parole sans préjugé ni présupposé, et de les écouter réellement, sur leur état, leur quotidien, leurs besoins et leurs aspirations.

L'attention à l'égard des femmes qui reprennent le travail après l'arrêt maternité doit aussi être institutionnalisée, des dispositifs doivent être créés ou renforcés pour prévenir les risques psychosociaux et les discriminations, comme les décrochages salariaux ou professionnels du fait d'interruption ou de réduction subie de leurs temps de travail. Les femmes doivent pouvoir compter sur des conditions dignes, favorables à leur épanouissement professionnel et à leur indépendance économique.

Plus globalement, c'est tout un projet de société, ainsi que toute une organisation du travail, qui doit être repensé pour faire une vraie place aux mères, et aux parents en général, dans la cité et au travail. C'est accompagner les femmes le mieux possible dès l'immédiat post-partum et durant le congé maternité, pour qu'elles soient dans les meilleures dispositions physiques et psychiques à la reprise : cela nécessite notamment une réforme ambitieuse des congés parentaux, à même d'obliger les coparents[212] à prendre réellement et durablement leur part dans le quotidien de la famille, sans que cela ait d'incidence majeure sur les ressources de la famille pour ne pas pénaliser les foyers aux revenus modestes ou fortement indexés sur ceux du coparent. Cela requiert, aussi, que les professionnel·le·s de santé et de la petite enfance soient formé·e·s sur les enjeux du post-partum et de la reprise, comme sur les biais de genre.

Il est nécessaire de lancer ce fameux débat public qui nous manque pour mettre la société et le monde du travail au diapason de l'activité des mères et de la réalité majoritaire des couples bi-actifs, accompagné d'un service public d'accueil de l'enfant valorisé, qui sécurise autant les parents que les personnes employées. Pour que l'obtention d'une garde d'enfants ne soit plus un parcours de la combattante, en temps normal comme en cas d'aléas, et pour qu'enfin ce ne soit plus aux femmes de déployer des efforts surhumains pour s'adapter à une organisation du travail destinée à des hommes célibataires ou peu impliqués dans leur vie de famille.

Afin d'alimenter ce débat, un état des lieux complet sera indispensable, et j'espère que des chercheur·euse·s pousseront plus loin l'exploration des réalités et des enjeux de la reprise pour nous aider à convaincre les responsables politiques, chiffres et analyses à l'appui, de l'urgence d'un plan politique ambitieux de soutien à la parentalité en général, et aux mères en particulier – à *toutes* les mères. L'ambition et le rôle du politique dans toute cette dynamique de changements sont centraux, et la législation est essentielle et déterminante. Parce qu'on a vu combien les normes de genre persistaient depuis des générations, et combien les mentalités étaient lentes à changer, je partage complètement le point de vue d'expertes comme Pauline Grosjean ou Violaine Dutrop[213], qui pensent qu'il faut légiférer pour enfin faire réellement bouger les lignes : « On ne peut pas simplement "attendre" un changement social organique sans légiférer[214]. »

Faire entendre nos réalités

Le chemin à parcourir ne sera pas simple, tant les normes sociales et culturelles qui pèsent sur la reprise sont plombantes et intériorisées, mais j'ai bon espoir. À condition que nous-mêmes, femmes et mères, nous retroussions nos manches pour faire entendre nos voix, faire évoluer nos représentations et accélérer la prise de conscience et les changements sociétaux. Car les politiques actuellement au pouvoir, au vu de la réforme des retraites, annoncée en mars 2023 et particulièrement pénalisante pour les femmes avec enfants[215], et du décevant plan interministériel pour l'égalité entre les femmes et les hommes (2023-2027), ne semblent guère avoir pris la mesure des enjeux de la parentalité dans la lutte contre les inégalités.

J'aurais préféré écrire que ce n'est pas aux femmes de se battre encore plus qu'elles ne le font déjà au quotidien, mais face au déni politique de nos réalités, j'en viens à penser que la politisation des mères[216], entre autres prônée par des intellectuelles comme bell hooks et Fatima Ouassak, mais aussi portée par des mouvements populaires comme le Front de mères[217] en France ou Pregnant Then Screwed[218] au Royaume-Uni, devient indispensable.

Une politisation qui peut prendre différents formats et niveaux de militantisme. Cela commence, au niveau individuel, par la simple « mobilisation de clavier[219] », qui permet d'utiliser ses canaux classiques de communication en ligne (réseaux sociaux, e-mails, blogs, etc.) pour relayer des témoignages « vrais » de reprise et/ou des contenus développés par des organisations ou des militant·e·s féministes en lien avec la maternité et/ou le travail des femmes. Cela peut aussi prendre la forme d'échanges publics, de conférences, de groupes de parole ou autres tables rondes. Cette politisation peut encore se manifester *via* la grève materféministe : celle des tâches ménagères, par exemple, ou même carrément du travail, qui prend ses racines dans l'histoire du féminisme[220]. Enfin, la mobilisation passe par des événements sérieux et/ou joyeux, comme le festival Very Bad Mother dans le Finistère en 2020 et 2021, qui visait à réinventer les parentalités et leurs représentations, ou la grande manifestation populaire de l'association Pregnant then Screwed, qui a rassemblé, pour sa manifestation des mères le 29 octobre 2022, plus de 12 000 parents répartis dans 11 grandes villes du Royaume-Uni, pour réclamer une réforme autour de ses trois piliers de revendication (accueil de la petite enfance, congé parental et flexibilité au travail).

C'est un enjeu de justice sociale, mais c'est aussi un projet de société : celui qui permet à chacune et à chacun de déterminer la juste place que le travail doit avoir dans son existence et aux moments clés de sa vie, selon ses besoins, ses aspirations et son tempo – qu'on ait envie de se dépasser au travail comme de rester à la maison et de s'occuper des enfants. Parce que la réflexion que l'on appelle de nos vœux sur la place de la parentalité et le rapport au travail concerne aussi les pères et les coparents en général, et que la mue du système les soulagera, eux aussi, de cette course folle à la performance qui déshumanise nos rapports au travail. Et cela vaut, *in fine*, pour toutes et tous, parent ou non.

Au quotidien et au travail, assumer sa parentalité et faire la pédagogie des arrangements nécessaires en matière de conciliation, c'est aussi contribuer à la visibilisation de nos réalités. Pour celles et ceux qui peuvent se le permettre sans risque pour leur poste, ce peut être, par exemple, en reprenant quelqu'un qui aurait lancé pour la énième fois : « Tu prends ton après-midi ? » à une salariée qui part chercher son enfant à la crèche, en refusant qu'une réunion s'organise trop tôt ou trop tard, ou en épaulant un homme devenu père qui se verrait imposer des horaires tardifs alors que sa femme vient d'accoucher ou de reprendre. Et si on a un poste à responsabilités ou une certaine position dans l'organigramme, on peut alors utiliser son influence pour impulser, au sein de son organisation, des initiatives en faveur des parents, de *tous* les parents.

Tout est possible, au niveau national comme local, ou même interprofessionnel, car germent ici et là différentes initiatives dédiées à des problématiques ou à des secteurs particuliers, à l'image du formidable [Re]production Project, un projet de recherche et d'action pour questionner l'impact de la maternité dans la carrière des femmes artistes[221].

Avis aux militant·e·s et aux associations (mater)féministes, à toutes les mères qui sentent vibrer en elles leur fibre politique, et à celles et ceux qui nous soutiennent : unissons-nous et faisons entendre haut et fort nos voix et nos revendications, les mères sont dans la place, et la société de même que le monde du travail ne peuvent plus les ignorer !

NOTES

1. Rebecca Solnit, *La Mère de toutes les questions*, Paris, L'Olivier, 2019.

2. Audre Lorde, « Transformer le silence en paroles et en actes », conférence de l'Association des lettres modernes, Chicago, décembre 1977.

Introduction

3. Je suis hétéronormative à dessein ici, dans la mesure où ce sont les inégalités de genre qui sont en jeu, et que c'est bien parce que les hommes ne sont pas soumis à une longue pause pour se connecter à leur paternité et aux responsabilités qui seront désormais les leurs, que les femmes sont encore tant pénalisées.

4. En 2022, 723 000 enfants sont nés vivants : Insee, « Naissances et taux de natalité », 17 janvier 2023.

5. Sandra Lorenzo, « Le post-partum bien vécu par seulement 22 % des mères », HuffingtonPost.fr, 23 septembre 2021.

6. « Allongement du congé paternité : une première réponse à compléter par une réforme des congés parentaux », communiqué de presse, Unaf.fr, 23 septembre 2020.

7. « #5èmetrimestre : la grande enquête sur le retour de congé maternité », enquête YesWeShare/Issence menée

auprès de 680 mères actives en 2021. L'étude comporte des biais sociaux : elle porte à 98,5 % sur des femmes en couple, évacuant par conséquent la question (pourtant considérable) des mères solos, et à 60 % sur des cadres supérieures. Cependant, en l'absence d'études plus nombreuses, représentatives et quantitatives, elle demeure intéressante.

Première partie
Le grand chamboulement

1. « Mathilde Bouychou, psychologue clinicienne et psychothérapeute. Les bouleversements de la reprise », podcast *La Reprise*, épisode 8, 3 août 2021. Mathilde Bouychou est également la créatrice du podcast *Parentalités*.

2. Un sujet que la journaliste et autrice féministe Renée Greusard a sorti de l'ombre en 2022, en mettant l'accent sur l'aspect politique de cet état de fait : Renée Greusard, « De nos jours, des pères se cachent dans les maternités pour ne pas en être virés. (C'est tout) », Nouvelobs.com, 31 mai 2022.

Un chamboulement physique

3. Grant Bailey, « New parents get less than five hours sleep per night, study claims », Independent.co.uk, 19 juin 2018.

4. « Quand bébé pleure la nuit, 78 % des mères se lèvent plus souvent que leur conjoint », HuffingtonPost.fr, 15 septembre 2022.

5. Université de Warwick, « New parents face 6 years of disrupted sleep », ScienceDaily.com, 25 février 2019.

6. Grant Bailey, « New parents get less than five hours sleep per night, study claims », art. cité.

7. *Ibid.*

8. « Comprendre les poussées dentaires », Ameli.fr, 31 mai 2021.

9. « Sommeil normal du bébé : de la naissance à 3 ans », Sommeilenfant.reseau-morphee.fr, s. d.

10. Interview d'Ève Simonet pour le podcast *La Reprise*, pas encore publiée au moment de l'écriture de ce livre.

11. Paulina Jonquères d'Oriola, « Reprendre le travail quand bébé ne fait pas ses nuits », Doctissimo.fr, 9 novembre 2017.

12. Francesco Cappuccio et Michelle Miller, « Sleep and Cardio-Metabolic Disease », *Current Cardiology Reports*, vol. 19, n° 11, 2017.

13. Els van der Helm et Matthew P. Walker, « Overnight Therapy? The Role of Sleep in Emotional Brain Processing », *Psychological Bulletin*, vol. 135, n° 5, 2009.

14. Camille Abbey, « Fatiguée, libérée… engagée ! », in *Mères sans filtre. Huit récits intimes de déclics féministes pour libérer la parole sur la maternité*, Paris, Solar, 2023.

15. « Reprise du travail et (première) séparation d'avec le bébé », blog Lesptitesmainsdabord.fr, 11 mai 2021.

16. À partir du troisième enfant, le congé maternité dure 26 semaines, et pour les grossesses multiples, il est de 34 semaines (pour des jumeaux) et de 46 semaines (pour des triplés et plus).

17. Marilyne Clarac, « Toutes les étapes de l'accouchement par voie basse », SanteMagazine.fr, 15 septembre 2021.

18. La part des femmes ne vivant pas en couple à la naissance de leur enfant est stable depuis 2016, aux alentours de 5 %. Source : Hélène Cinelli, Nathalie Lelong, Camille Le Ray, Virginie Demiguel, Élodie Lebreton et Thomas Deroyon, *Enquête nationale périnatale. Rapport 2021. Les naissances, le suivi à deux mois et les établissements*, Santé publique France/Inserm, octobre 2022.

19. La rééducation du périnée est préconisée à partir de 6 à 8 semaines après l'accouchement, soit peu ou prou à la fin du congé maternité. Les séances ont par conséquent souvent lieu au moment de la reprise.

20. Les maladies hémorroïdaires concernent un tiers des femmes après leur accouchement : Laurent Abramowitz, « Complications anales durant la grossesse et le post-partum », FmcGastro.org, 2014.

21. Louis Weimer, « Neuromuscular disorders in pregnancy », vol. 172, *Handbook of Clinical Neurology*, 2020.

22. Françoise Laroche, « Impact psychologique de la douleur », Contreladouleur.fr, s. d.

23. Ministère des Solidarités et de la Santé, *Les 1 000 premiers jours*, rapport, septembre 2020. Sur ce sujet, lire le livre indispensable de Chloé Berdouet et Élise Marcende, *Dépression Post-Partum. La face cachée de la maternité*, Paris, Larousse, 2023.

24. Illana Weizman, *Ceci est notre post-partum*, Paris, Marabout, 2021.

25. Le mouvement *body positive* a été initié en 1996 par Connie Sobczak et Elizabeth Scott qui ont créé une organisation du même nom afin de soutenir les personnes ayant des troubles alimentaires. Depuis l'essor des réseaux sociaux et le post-#MeToo, le mouvement a pris une ampleur qui dépasse son origine, et représente l'amour de soi en dehors des normes et des diktats, notamment en ce qui concerne les corps et la peau des femmes.

26. Sur les injonctions à la beauté et à la jeunesse : Mona Chollet, *Beauté fatale. Les nouveaux visages d'une aliénation féminine*, Paris, La Découverte, coll. « Zones », 2020.

27. Propos issu de l'article d'Amanda Castillo, « L'apparence est un critère d'embauche et de promotion », LeTemps.ch, 18 novembre 2015.

28. Charles Baudelaire, « La Chevelure », *Les Fleurs du mal,* « Spleen et Idéal », 1861.

29. Sur l'analyse socio-économique des soins cosmétiques aliénant les femmes au regard des hommes, lire Lucile Quillet, *Le Prix à payer. Ce que le couple hétéro coûte au femmes*, Paris, Les Liens qui libèrent, 2021.

30. Pauline Machado, « La chute de cheveux post-partum, un traumatisme qu'on évoque peu », TerraFemina.fr, 29 janvier 2021.

31. D'après le Dr Bruno Matard, dermatologue spécialiste du cuir chevelu à l'hôpital Saint-Louis à Paris, cité par Pauline Machado dans son article *(ibid.)*, ce phénomène s'explique par « une déprivation hormonale qui tient au fait que la sécrétion d'œstrogènes, qui maintenait de manière artificielle les cheveux en phase de pousse, s'arrête. Du coup, un grand nombre de cheveux passent en phase de chute ».

32. Sondage commandé par La Leche League France à l'Institut des mamans, 2002.

33. La promotion de l'allaitement maternel est un des objectifs spécifiques à l'enfant du Programme national nutrition santé (PNNS).

34. « Aude, le choix du temps partiel », podcast *La Reprise*, épisode 26, 28 avril 2022.

35. « Une salariée peut-elle allaiter pendant les heures de travail ? », Code.travail.gouv.fr, 18 août 2022.

Un chamboulement intime et familial

36. Dana Raphaël, *Being Female: Reproduction, Power, and Change*, La Haye, Mouton Publishers, 1975.

37. Alexandra Sacks, « A new way to think about the transition to motherhood », TED Conferences, 30 août 2018.

38. Hélène Garner, Dominique Méda et Claudia Sénik, « La place du travail dans les identités », *Économie et Statistique*, n° 393-394, 2006.

39. « Mathilde Bouychou, psychologue clinicienne et psychothérapeute. Les bouleversements de la reprise », podcast *La Reprise*, référence citée.

40. Caroline Ibos, « Les "nounous" africaines et leurs employeurs : une grammaire du mépris social », *Nouvelles Questions féministes*, vol. 27, n° 2, 2008.

41. Voir Sarah Seguin, « Prévenir les troubles du lien mère-bébé : le traitement du trauma en période périnatale », in Joanna Smith *et al.* (dir.) *La Régulation des émotions dans la famille*, Paris, Dunot, coll. « Psychothérapies », 2019.

42. Défenseur des droits, *Baromètre 2017 de la perception des discriminations dans l'emploi.*

43. Propos de Marie-Joseph Bertini relayés par Sarah Lécossais dans « Les mères ne sont pas des parents comme les autres. Genre et parentalité dans les séries télévisées françaises », *Revue française des sciences de l'information et de la communication*, n° 4, 2014, et issus de son article « Langage et pouvoir : la femme dans les médias (1995-2002) », *Communication et langages*, n° 152, 2007.

44. Podcast *La Reprise*, écouter les épisodes 1, 6, 9, 18, 21 et 34.

45. Voir notamment Illana Weizman, *Ceci est notre post-partum*, *op. cit.* ; Renée Greusard, *Choisir d'être mère*, Paris, JC Lattès, 2022 ; Judith Aquien, *Trois mois sous silence. Le tabou de la condition des femmes en début de grossesse*, Paris, Payot, 2021 ; Fabienne Lacoude, *Daronne et féministe*, Paris, Solar, 2022 ; Aurélia Blanc, *Tu seras une mère féministe ! Manuel d'émancipation pour des maternités décomplexées et libérées*, Paris, Marabout, 2022…

46. Les arrêts naturels de grossesse (généralement mal nommés « fausses couches ») touchent 1 grossesse sur 4 et font également l'objet d'un tabou que des féministes souhaitent lever afin d'ouvrir des droits aux personnes qui les subissent. Voir la pétition « Fausse couche, vrai vécu », Change.org

47. « Alvina, l'impérieuse envie de retravailler », podcast *La Reprise*, épisode 1, 5 mai 2021.

48. Commentaire sous le post du compte Instagram de @meres_en_equilibre, 12 décembre 2022.

49. Communiqué de la présidence de la République, « Depuis le 1er juillet, le congé paternité est passé de 14 à 28 jours », Elysee.fr, 1er juillet 2021.

50. « Congé de paternité et d'accueil de l'enfant d'un salarié du secteur privé », Service-public.fr, 1er janvier 2023.

51. Arnaud Régnier-Loilier (Ined), « L'arrivée d'un enfant modifie-t-elle la répartition des tâches domestiques au sein du couple ? », *Population et Sociétés*, n° 461, novembre 2009.

52. Étude Ifop pour Sleepyz, « Quand bébé bouleverse la vie sentimentale et sexuelle de ses parents », décembre 2022.

53. *Ibid.*

54. Propos recueillis par Élodie Lavigne, « Le couple à l'épreuve de la parentalité », Femina.ch, 7 septembre 2020.

55. Stephan Eliez, *Être parents et s'aimer comme avant*, Paris, Odile Jacob, 2020.

56. Propos recueillis par Ségolène Forgard, « Mon couple est mort à la minute où mon enfant est né : des parents racontent », *Madame Figaro*, 12 novembre 2021. Illana Weizman est notamment l'autrice de *Ceci est notre post-partum*, *op. cit.*

57. La charge émotionnelle désigne les mécanismes par lesquels les femmes (assignées au soin d'autrui ou, en anglais, au *care*) prennent sur elles la responsabilité du bien-être et de l'équilibre affectif du couple, mais aussi plus largement du foyer, de leurs parents et beaux-parents… Ce qui les conduit, par exemple, à se souvenir de l'anniversaire de leurs beaux-parents à la place de leur compagnon, à penser à faire un faire-part de naissance, à composer les albums photos de la famille, etc. Le tout au détriment de leur propre bien-être. La dessinatrice Emma a popularisé cette notion en France avec l'essai graphique *La Charge émotionnelle et autres trucs invisibles*, Paris, Massot Éditions, 2018.

58. Étude Elabe réalisée pour l'application WeMoms auprès de 501 mères d'au moins un enfant de moins de 6 ans, 2016.

59. Bernard Geberowicz, *Le Baby-clash. Le couple à l'épreuve de l'enfant*, Paris, Albin Michel, 2005.

60. Étude Ifop pour Sleepyz, « Quand bébé bouleverse la vie sentimentale et sexuelle de ses parents », référence citée.

61. Clémentine Maligorne, « Au travail, les mères restent plus pénalisées que les pères », LeFigaro.fr, 22 février 2019.

62. Je n'affabule pas sur les toilettes comme lieu de refuge : dans *Choisir d'être mère op. cit.*, Renée Greusard a même intitulé un chapitre « Des toilettes à soi » !

63. Alexandra Pizzuto, « Être l'aîné·e de la fratrie, une charge mentale insoupçonnée », MarieClaire.fr, s. d.

Un chamboulement professionnel

64. « Julie, nouvelle ville, nouveau boulot = reprendre à zéro », podcast *La Reprise*, épisode 33, 17 juillet 2022.

65. La durée légale du congé maternité en France à partir du troisième enfant est de 26 semaines, dont 18 après l'accouchement.

66. « Carole, retrouver du sens dans son travail… et se retrouver soi-même », podcast *La Reprise*, épisode 23, 14 mars 2022.

67. C. Parsons et S. Redman, « Self-reported cognitive change during pregnancy », *The Australian Journal of Advanced Nursing*, vol. 9, n° 1, 1991.

68. Magdalena Martínez-García *et al.*, « First-time fathers show longitudinal gray matter cortical volume reductions: Evidence from two international samples », *Cerebral Cortex*, vol. 33, n° 7, 2023.

69. Associée de recherche à l'université de Rennes, spécialiste des neurosciences de la maternité depuis plus de 15 ans, et autrice du livre *Mommy brain*, Paris, Larousse, 2022.

70. C. H. Kinsley *et al.*, « Motherhood improves learning and memory », *Nature*, vol. 402, 1999.

71. Propos du Dr Valerie Miller rapportés par Jodi Pawluski dans son livre *Mommy brain, op. cit.*

72. À ce sujet, lire Laetitia Vitaud, *En finir avec la productivité. Critique féministe d'une notion phare de l'économie et du travail*, Paris, Payot, 2022.

73. Le Parental Challenge est une initiative créée pour prévenir les discriminations parentales sur les lieux de travail et, *via* une charte d'engagements, ouvrir ou préciser des droits facilitant l'équilibre pro/perso. Le guide complet est téléchargeable gratuitement sur ParentalChallenge.com

74. Défenseur des droits, *Baromètre 2020 de la perception des discriminations dans l'emploi.*

75. Défenseur des droits, *Baromètre 2017 de la perception des discriminations dans l'emploi.*

76. Défenseur des droits, *Baromètre 2020 de la perception des discriminations dans l'emploi.*

77. « Anne-Laure, tout vivre intensément, sa maternité comme son travail », podcast *La Reprise*, épisode 6, 1er juillet 2021.

78. « Camille, le travail comme refuge durant un post-partum difficile », podcast *La Reprise*, épisode 9, 10 septembre 2021.

79. Daphnée Leportois, « C'est trop facile de dire que les femmes sont coupables d'en faire trop », Slate.fr, 14 octobre 2019.

80. « Anne-Laure, tout vivre intensément, sa maternité comme son travail », podcast *La Reprise*, référence citée.

81. « Anaïs, changer de job dès son congé maternité ? Même pas peur ! », podcast *La Reprise*, épisode 19, 24 janvier 2022.

82. Anaïs G., « Pendant ma grossesse, je n'ai perçu que la moitié de mon salaire pour préparer l'arrivée de mon enfant », HuffingtonPost.fr, 30 août 2021.

83. Il n'existe pas d'arrêt maladie spécifique à la maternité : en cas d'arrêt délivré par le médecin, l'indemnité journalière « est égale à 50 % de votre salaire journalier de base. Celui-ci est calculé sur la moyenne des salaires bruts des trois derniers mois précédant votre arrêt de travail (12 mois en cas d'activité saisonnière). Par exemple : pour un salaire de 75 € par jour, votre indemnité sera de 37,50 € bruts par jour », selon le site d'Ameli (« Arrêt de travail pour maladie : les indemnités journalières du salarié », Ameli.fr, 29 décembre 2022).

84. « Carole, retrouver du sens dans son travail… et se retrouver soi-même », podcast *La Reprise*, épisode 23, 14 mars 2022.

85. « Luc Kirkyacharian, avocat “philosophe”, spécialiste en droit du travail », podcast *La Reprise*, épisode 14, 16 novembre 2021.

86. « Céline : “J'avais la boule au ventre tous les matins à cause de mon travail” », podcast *En Crise* (animé par Marine Ravinet), épisode 12, 3 janvier 2023.

87. Phrase désormais célèbre pour sa misogynie, prononcée par Laurent Fabius au sujet de Ségolène Royal lorsque cette dernière fut investie candidate à l'élection présidentielle par le Parti socialiste.

88. « Anne, reprendre après #MeToo », podcast *La Reprise*, épisode 34, 25 juillet 2022.

89. « L'accueil en crèche », Paris.fr, page mise à jour le 14 février 2023.

90. Yann Caenen, Jérémy Courel, Christelle Paulo, et Denise Schmitt, « Les Franciliens utilisent autant les transports en commun que la voiture pour se rendre au travail », Insee.fr, *Île-de-France à la page*, n° 353, 14 avril 2011.

91. « Présentéisme : vous sentez-vous jugé(e) de quitter le bureau avant 18 heures ? », Glassdoor.fr, 11 octobre 2021. Enquête menée entre le 1er août 2019 et le 6 septembre 2019 sur le site Glassdoor.fr, fondée sur les réponses de 766 utilisateur·rice·s en France.

92. « Prise en compte de la parentalité dans la vie au travail », BVA-Group.com, 22 février 2019. Étude menée auprès de 37 000 salariés par le CSEP et l'Institut BVA en 2018. Référence trouvée dans le guide du Parental Challenge : ParentalChallenge.com.

93. « L'égalité, c'est pas (encore) gagné : notre sondage exclusif Ipsos pour *ELLE* », Elle.fr, 2015. Sondage Ipsos/ELLE Active réalisé du 25 février au 2 mars 2015 auprès de 2 003 personnes constituant un échantillon représentatif de la population française active.

94. *Ibid.*

95. Denise Bauer, « Comment les parents s'arrangent pour garder les enfants en cas d'imprévu », Drees, *Études et résultats*, n° 694, 18 juin 2009, mis à jour le 12 janvier 2021.

96. *Soutien à la parentalité et performance des entreprises. Quel retour sur investissement ?*, livre blanc de Filapi en partenariat avec l'Observatoire de la parentalité en entreprise, 2014.

97. « Mathilde Bouychou, psychologue clinicienne et psychothérapeute. Les bouleversements de la reprise », podcast *La Reprise*, référence citée.

98. Selon l'Insee, 33 % des familles monoparentales, en grande majorité des femmes, vivent sous le seuil de pauvreté. Plus de 9 millions de personnes sont concernées en France. Source : *Elle* avec AFP, « Les mères célibataires sont les plus touchées par la pauvreté », Elle.fr, 15 février 2022.

99. « Elia, quand le rapport au travail évolue au fil des maternités », podcast *La Reprise* en crossover avec le podcast *Maman Bosse*, épisode 29, 9 juin 2022.

100. Thomas Decamps et Charlotte Bernard, « Boom des bilans de compétences : "Le métier idéal n'existe pas" », WelcometotheJungle.com, 7 juillet 2022.

101. « Marie, poussée au burn-out », podcast *La Reprise*, épisode 13, 9 novembre 2021.

102. « Grace Ly – épisode crossover *La Reprise* × *Banh Mi podcast* », podcast *La Reprise*, épisode 32, 7 juillet 2022.

103. *Ibid.*

104. « Deborah, la reprise d'études comme une évidence », podcast *La Reprise*, épisode 11, 11 octobre 2021.

105. « Sita, de la PMA à l'entrepreneuriat : quand rien ne se passe comme prévu… », podcast *La Reprise*, épisode 28, 30 mai 2022.

106. Ève Simonet, « *Post-partum*, le documentaire », 2021. Accessible sur le site Postpartum-LeDocumentaire.com

107. Interview d'Ève Simonet pour le podcast *La Reprise*, pas encore publiée au moment de l'écriture de ce livre.

Un impensé social et culturel

108. Inserm/Santé publique France, « Les maladies cardiovasculaires et les suicides, premières causes de décès maternels en France en 2013-2015 », 6 janvier 2021.

109. Pauline Rochart, « Celle qui était épuisée de tout "concilier" », WelcometotheJungle.com, 22 avril 2021.

110. Monique Wittig, *La Pensée straight* (1992), Paris, Amsterdam, 2018.

111. Manipulation psychologique consistant à faire douter les victimes de leur raison, dans le but de leur faire perdre leur équilibre psychique.

112. Judith Aquien, *Trois mois sous silence. Le tabou de la condition des femmes en début de grossesse*, *op. cit.*

113. D'un point de vue médical, une étude, publiée en mars 2021 dans le *Journal of Pain,* a d'ailleurs démontré que la douleur des femmes est moins prise au sérieux que celle des hommes lorsque les deux sexes expriment une douleur d'intensité similaire…

114. Propos de Brigitte Grésy issus de son audition, lors de son mandat de présidente du Haut Conseil à l'égalité entre les femmes et les hommes, sur les dispositions de la

proposition de loi visant à accélérer l'égalité économique et professionnelle, adoptée par l'Assemblée nationale le 12 mai 2021.

115. Rebecca Solnit, *La Mère de toutes les questions* (trad. Céline Leroy), Paris, L'Olivier, 2019.

116. Pauline Grosjean, *Patriarcapitalisme. En finir avec les inégalités femmes/hommes*, Paris, Seuil, 2021.

117. Trois ouvrages de référence lèvent frontalement le tabou du regret maternel : Astrid Hurault de Ligny, *Le Regret maternel*, Paris, Larousse, 2022 ; Stéphanie Thomas, *Mal de mères. Dix femmes racontent le regret d'être mère*, Paris, Points, 2022 ; Orna Donath, *Le Regret d'être mère*, Paris, Odile Jacob, 2019.

118. Interviewée par Mathilde Cesbron et Phalène de La Valette : « Le tabou du post-partum est très compliqué à faire tomber », LePoint.fr, 14 février 2022.

119. Edgar Cabanas et Eva Illouz, *Happycratie. Comment l'industrie du bonheur a pris le contrôle de nos vies*, Paris, Premier Parallèle, 2018.

120. Sevin Rey, « *Happycratie*, l'essai qui dénonce la tyrannie du bonheur », Madame.Lefigaro.fr, 14 septembre 2018.

121. Roger Herla, « Les limites du développement personnel. Une critique féministe », Cvfe.be, juin 2019.

122. Largement analysée dans le livre de Judith Aquien, *Trois mois sous silence. Le tabou de la condition des femmes en début de grossesse*, *op. cit.*

123. Hélène Paquet, « La charge mentale est un problème politique, pas un sujet de développement personnel », Slate.fr, 15 mars 2022.

124. C'est l'un des constats principaux d'Alexis Métais dans son rapport *Pourquoi la société moderne devient-elle plus individualiste ?* publié par l'Insa de Lyon en 2012 dans le cadre du Projet Personnel des Humanités.

125. « Élise Fabing, avocate “en croisade”, spécialiste en droit du travail », podcast *La Reprise*, épisode 15, 25 novembre 2021.

126. Une vision très culturelle puisqu'aux États-Unis, par exemple, il y a au contraire un droit à l'échec ; c'est même souvent vu comme une étape préalable au succès, comme une expérience précieuse d'apprentissage.

127. Isabelle Né et Raffi Duymedjian, « Repenser l'échec comme une chance », TheConversation.com, 20 décembre 2018.

128. Richard Feloni, « The 7 Worst Stereotypes Professional Women Face », BusinessInsider.com, 21 mars 2014.

129. François Normandin, « Leadership au féminin : êtes-vous dépourvu de ces quatre préjugés ? », RevueGestion.ca, 21 novembre 2018.

130. Emmanuelle Binet, « Wonder Woman, icône pop-féministe », MarieClaire.fr, 8 novembre 2021.

131. Lucile Quillet, *Le Prix à payer. Ce que le couple hétéro coûte aux femmes*, *op. cit.*

132. Anne Peymirat, *Le Syndrome du Wonderparent. Travailler comme si on n'avait pas d'enfants et élever nos enfants comme si on n'avait pas de travail*, Paris, Payot, 2023.

133. À noter que le « travail » dans ce sens-là, c'est-à-dire associé à « emploi », est la conséquence directe de la séparation des sphères professionnelle (production) et privée (reproduction) dont on va parler plus loin.

134. Dominique Royer, « Qu'en est-il de la “valeur travail” dans notre société contemporaine ? », *Empan*, vol. 46, n° 2, 2002.

135. Christian Baudelot et Michel Gollac (dir.), *Travailler pour être heureux ? Le bonheur et le travail en France*, Paris, Fayard, 2002.

136. Françoise Messant *et al.*, « Le travail, outil de libération des femmes ? », *Nouvelles Questions féministes*, vol. 27, n° 2, 2008.

137. Dana Becker et Jeanne Marecek, « Dreaming the American Dream: Individualism and Positive Psychology », *Social and Personality Psychology Compass*, vol. 2, n° 5, 2008.

Seconde partie

Les difficultés systémiques de la reprise

La reprise, creuset des inégalités femmes/hommes

1. Pauline Grosjean, *Patriarcapitalisme. En finir avec les inégalités femmes-hommes, op. cit.*

2. *Ibid.*

3. À partir de la naissance d'un enfant, le congé maternité est de 10 semaines pouvant être prolongées de 3 semaines du congé anténatal, si la mère biologique a repoussé son départ du travail d'autant. Pour les grossesses gémellaires, le congé coparent est de 32 jours consécutifs, et le congé maternité de 34 semaines. Vous avez bien lu : on parle de jours, d'un côté, et de semaines, de l'autre. Pour s'occuper de plusieurs nourrissons à la fois.

4. Communiqué de la présidence de la République, « Depuis le 1er juillet 2021, le congé paternité est passé de 14 à 28 jours », référence citée.

5. *Ibid.*

6. Judith Anquien, *Trois mois sous silence. Le tabou de la condition des femmes en début de grossesse, op. cit.*

7. Judith Aquien, « Le nouveau "congé paternité" reste scandaleusement court », LinkedIn.com, 30 juin 2021.

8. Violaine Dutrop, *Maternité, Paternité, Parité*, Paris, Éditions du Faubourg, 2021.

9. *Ibid.*

10. Thomas Morin, « Écarts de revenus au sein des couples », *Insee Première,* n° 1 492, 6 mars 2014.

11. Thomas Couppié et Dominique Épiphane, « Emploi, enfant et aspirateur : quelles évolutions chez les jeunes couples depuis 2005 ? », *Céreq Bref*, n° 403, mars 2021.

12. *Ibid.*

13. *Versus* 8 % pour les pères, le reste étant distribué équitablement : Drees, enquête « Modes de garde et d'accueil des jeunes enfants », 23 juillet 2020, mise à jour le 16 février 2023.

14. Victor Dhollande, « Sur Doctolib, 85 % des rendez-vous médicaux pris pour des enfants sont réservés… par les mères », RadioFrance.fr/FranceInter, 8 mars 2023.

15. Un congé non rémunéré, sauf en cas de convention collective ou d'accord d'entreprise « généreux ».

16. 5 jours si l'enfant a moins de 1 an, mais uniquement pour les salarié·e·s du secteur privé.

17. Ariane Pailhé et Anne Solaz, « Concilier, organiser, renoncer : quel genre d'arrangements ? », *Travail, genre et sociétés*, vol. 24, n° 2, 2010.

18. Pauline Grosjean, *Patriarcapitalisme. En finir avec les inégalités femmes/hommes*, *op. cit.*

19. Geneviève Delaisi de Parseval, *La Part du père*, Paris, Seuil, 1981.

20. Titiou Lecoq, *Libérées. Le combat féministe se gagne devant le panier de linge sale*, Paris, Fayard, 2017.

21. « Clarisse Crémer évincée du Vendée Globe par la Banque populaire : le président de la course critique une "décision précipitée" », AFP avec LeMonde.fr, 3 février 2023.

22. Voir le site : « Notre politique d'égalité Femme/Homme », Banquepopulaire.fr

23. Léa Lejeune, *Féminisme washing. Quand les entreprises récupèrent la cause des femmes*, Paris, Seuil, 2021.

24. Carole Brugeilles et Pascal Sebille, « Le partage des tâches parentales : les pères, acteurs secondaires », *Informations sociales*, vol. 176, n° 2, 2013.

25. Anne Brunner, « Le partage des tâches domestiques et familiales ne progresse pas », Inegalites.fr, 5 mai 2020.

26. Thomas Couppié et Dominique Épiphane, « Emploi, enfant et aspirateur : quelles évolutions chez les jeunes couples depuis 2005 ? », art. cité.

27. Arnaud Régnier-Loilier (Ined), « L'arrivée d'un enfant modifie-t-elle la répartition des tâches domestiques au sein du couple ? », art. cité.

28. Propos recueillis par Éric Delon, « Congé paternité : comment les pères s'en emparent… ou pas », *Les Échos*, 30 septembre 2022.

29. Delphine Roy, « Le travail domestique : 60 milliards d'heures en 2010 », *Insee Première*, n° 1423, 22 novembre 2012.

30. Car toute personne dotée d'un minimum de bon sens (ou dénuée de mauvaise foi, au choix) se doute qu'il n'y a pas chez les femmes de gènes des tâches domestiques peu reluisantes ou d'appétences particulières pour celles-ci. Non, pour le ménage comme pour les soins aux enfants, le savoir et les capacités naissent de l'apprentissage, de l'expérience et des habitudes : plus on en fait, plus on est à l'aise. D'où le savoir-faire maternel à l'issue du congé maternité.

31. Lorraine Bozouls, « Travail domestique et production d'un style de vie. Les femmes au foyer de classes supérieures », *Travail, genre et sociétés*, vol. 46, n° 2, 2021. Selon une division sexuée du travail entre hommes et femmes encore très ancrée dans les mentalités, la répartition durant le congé maternité ou parental est très inégale, la femme au foyer étant considérée comme exclusivement en charge des tâches domestiques (voir également Guillaume Allègre *et al.*, « Travail domestique : les couples mono-actifs en font-ils vraiment plus ? », *Économie et Statistique*, n° 478-479-480, 2015).

32. « Julie, nouvelle ville, nouveau boulot = reprendre à zéro », podcast *La Reprise*, référence citée.

33. Delphine Roy, « Le travail domestique : 60 milliards d'heures en 2010 », art. cité.

34. Carole Brugeilles et Pascal Sebille, « Pères et mères face aux activités parentales : un partage inégalitaire », *in* Arnaud Régnier-Loilier (dir.) *Portraits de famille. L'enquête « Étude des relations familiales et intergénérationnelles »*, Paris, Ined Éditions, 2009.

35. Lucile Quillet, *Le Prix à payer. Ce que le couple hétéro coûte au femmes*, *op. cit.*

36. Virginie Fauroux, « Les couches, d'abord une affaire de maman ? Un sondage l'affirme… mais les pères diront le contraire », TF1 Info, 24 mai 2019.

37. Sondage Tilinoo 2019 ; Julien Dabjat, « Bébé et répartition des tâches : les mamans plus actives que les papas », Doctissimo.fr, 22 juillet 2019.

38. Sondage La Boîte Rose mené en mars 2018 auprès de 1 804 femmes inscrites à leur programme.

39. Sachant qu'une place n'équivaut pas à un enfant, car un même enfant peut mobiliser deux places auprès d'intervenants différents pour être accueilli à deux moments différents de la journée. Par exemple, un enfant de 2 ans peut aller à l'école en toute petite section le matin, et être gardé par une assistante maternelle l'après-midi.

40. Rapport de l'Observatoire national de la petite enfance, « L'accueil du jeune enfant en 2020 », 2021.

41. Propos du président Emmanuel Macron tenus lors de son discours d'ouverture du Congrès de la Fédération des acteurs de la solidarité, 6 janvier 2022 ; « Protocole interministériel "Insertion dans l'emploi/petite enfance" : les bonnes pratiques à essaimer », FederationSolidarite.org, 5 avril 2022.

42. Corinne Perraudin et Muriel Pucci, « Activité des mères de jeunes enfants et organisation de la garde : des choix complexes et souvent contraints », *Revue française des affaires sociales*, n° 1, 2008.

43. Hélène Périvier et Grégory Verdugo, « Cinq ans après la réforme du congé parental (PreParE), les objectifs sont-ils atteints ? », *Policy Brief*, n° 88, OFCE, 6 avril 2021.

44. « La prestation partagée d'éducation de l'enfant (PreParE) », Caf.fr. « PreParE », c'est donc le nom ridicule qui a été donné à cette indemnisation minable. Pour préparer quoi ? Une lente descente dans l'éloignement professionnel ? La pauvreté ? Une retraite réduite ? Sentez-vous libre de cocher toutes les cases.

45. Caroline Rochet, « Mères actives : elles travaillent sans mode de garde », MarieClaire.fr, s. d.

46. Insee Références, *Femmes et hommes, l'égalité en question. Édition 2022.*

47. Caroline Rochet, « Mères actives : elles travaillent sans mode de garde », art. cité.

48. Titre d'un mémo de l'Ined sur la base de l'article des économistes Dominique Meurs et Pierre Pora, « Égalité professionnelle entre les femmes et les hommes en France : une lente convergence freinée par les maternités », *Économie et Statistique*, n° 510-511-512, 2019.

49. Pauline Grosjean, *Patriarcapitalisme. En finir avec les inégalités femmes/hommes*, *op. cit.*

50. Voir « Les garanties liées à la maternité ou à l'adoption », Travail.emploi.gouv.fr, 21 décembre 2021 : « La rémunération de la salariée (ou du salarié si c'est lui qui bénéficie du congé) est majorée, à la suite du congé de maternité (ou du congé d'adoption), des augmentations générales appliquées dans l'entreprise ainsi que de la moyenne des augmentations individuelles perçues pendant la durée de ce congé par les salariés relevant de la même catégorie professionnelle ou, à défaut, de la moyenne des augmentations individuelles dans l'entreprise. »

51. Une fois l'index calculé, il doit être publié sur le site Internet des entreprises, être déclaré à l'inspection du travail et communiqué au comité social et économique (CSE). En cas

d'index inférieur à 85 points, les entreprises doivent fixer et publier des objectifs de progression de chacun des indicateurs. Si l'index est inférieur à 75 points, elles doivent adopter et publier des mesures de correction et de rattrapage. Mais il n'y a pas de mesures coercitives liées au résultat de l'index et au bilan des actions qui en ont résulté. Seule la non-publication de l'index donne lieu à une pénalité financière.

52. Dominique Meurs, Claudio Lucifora et Elena Villar, « The Mommy Track in the Workplace. Evidence from a Big Firm », *Labour Economics*, vol. 72, 2021.

53. Défenseur des droits, *Baromètre 2017 de la perception des discriminations dans l'emploi.*

54. Sylvie Laidet, « Les 5 informations personnelles qu'il vaut mieux gommer du CV », CadrEmploi.fr, 1er décembre 2022.

55. Marlène Schiappa, « Le "plafond de mère", qu'est-ce que c'est ? » HuffingtonPost.fr, 4 octobre 2016.

56. Dominique Meurs et Pierre Pora, « Égalité professionnelle entre les femmes et les hommes en France : une lente convergence freinée par les maternités », art. cité.

57. Élise Coudin, Sophie Maillard et Maxime Tô, « Entreprises, enfants : quels rôles dans les inégalités salariales entre femmes et hommes ? », *Insee Analyses*, n° 44, 19 février 2019.

58. Anthony Marino (dir.), « Les retraités et les retraites – édition 2022 », *Panoramas de la Drees*, 2022.

59. Ariane Pailhé et Anne Solaz, « Concilier, organiser, renoncer : quel genre d'arrangements ? », art. cité.

60. Élise Coudin, Sophie Maillard et Maxime Tô, « Entreprises, enfants : quels rôles dans les inégalités salariales entre femmes et hommes ? », art. cité.

61. Thomas Couppié et Dominique Épiphane, « Vivre en couple et être parent : impacts sur les débuts de carrière », *Céreq Bref*, n° 241, mai 2007.

62. La sociologue américaine Michelle Budig a fondé toute une partie de sa recherche sur la promotion des pères et la pénalité maternelle : « The Fatherhood Bonus and The Motherhood Penalty: Parenthood and the Gender Gap in Pay », Third Way, 2 septembre 2004.

63. Le bonus paternel et la pénalité maternelle ont également été démontrés dans le milieu de la recherche : en analysant dix ans de travaux académiques menés par 262 universitaires de l'université de Turin, les chercheurs Cornelia Lawson, Aldo Geuna et Ugo Finardi se sont aperçus que le nombre de citations et les fonds recueillis par les femmes baissaient radicalement après la maternité, tandis que pour les hommes, à qualité absolument égale, l'exact mouvement inverse se produisait. Source : « The funding-productivity-gender nexus in science, a multistage analysis », *Research Policy*, vol. 50, n° 3, avril 2021.

64. Lu sur le site de la campagne Vie de Mère de la CGT.

65. Annonce parue d'une société de transport routier de marchandises, sur Hellowork.com et mise en lumière par le compte Instagram @la_gazette_de_silvie.

66. Annonce parue en 2023 pour un poste d'électricien, sur Entreprises.Hautsdefrance.fr

67. Bérangère Touchemann, *Working mum. 10 séances d'autocoaching pour réinventer sa vie*, Paris, Vuibert, 2020.

68. « Bérangère Touchemann, autrice de *Working mum*. Mompreneur : fausse bonne idée ? », podcast *La Reprise*, épisode 27, 12 mai 2022.

69. Julie Landour, *Sociologie des Mompreneurs. Entreprendre pour concilier travail et famille ?*, Villeneuve-d'Ascq, Presses universitaires du Septentrion, coll. « Le regard sociologique », 2019.

70. 55 % de catégories supérieures (ingénieure, cadre ou directrice) et 23 % de catégories moyennes (agente de maîtrise, technicienne ou assimilée).

71. « Sexisme ordinaire en milieu tempéré », *Un podcast à soi*, épisode 1, 4 octobre 2017.

Un monde du travail globalement maternophobe

72. « L'égalité entre les femmes et les hommes déclarée grande cause nationale par le président de la République », Egalite-femmes-hommes.gouv.fr, 25 novembre 2017.

73. Violaine Dutrop, *Maternité, Paternité, Parité*, *op. cit.*

74. Sylvie Schweitzer, *Les femmes ont toujours travaillé*, Paris, Odile Jacob, 2002.

75. Viviane Gonik, « L'invention de la femme au foyer », LeCourrier.ch, 19 septembre 2017.

76. Silvia Federici, *Le Capitalisme patriarcal*, Paris, La Fabrique, 2019.

77. Titiou Lecoq, *Libérées. Le combat féministe se gagne devant le panier de linge sale*, *op. cit.*

78. Marc Collet et Laurence Rioux, « Scolarité, vie familiale, vie professionnelle, retraite : parcours et inégalités entre femmes et hommes aux différents âges de la vie », *in* Insee Références, *Femmes et hommes, l'égalité en question. Édition 2017.*

79. Haude Rivoal, *La Fabrique des masculinités au travail*, Paris, La Dispute, 2021.

80. Laetitia Vitaud, « Merci mais non merci : j'ai choisi une carrière d'un autre genre », publié sur son blog dédié à son podcast *Nouveau Départ, le media de la crise et de la transition*, 1er mars 2021.

81. Viviane Gonik, « L'invention de la femme au foyer », art. cité.

82. Céline Alix, *Merci mais non merci. Comment les femmes redessinent la réussite sociale*, Paris, Payot, 2021.

83. « Présentéisme : vous sentez-vous jugé(e) de quitter le bureau avant 18 heures ? », référence citée.

84. Laïla Bentoudja, Tiaray Razafindranovona, « Être parent : des cadres aux ouvrières, plus de conséquences

sur l'emploi de femmes », *Insee Première*, n° 1795, 6 mars 2020.

85. Martine Delvaux, *Le Boys Club*, Paris, Payot, 2021.

86. « Prise en compte de la parentalité dans la vie au travail », référence citée.

87. Haude Rivoal, *La Fabrique des masculinités au travail*, *op. cit.*

88. « Luc Kirkyacharian, avocat "philosophe", spécialiste en droit du travail », podcast *La Reprise*, référence citée.

89. « Prise en compte de la parentalité dans la vie au travail », référence citée.

90. Articles L. 1225-27 et L. 6315-1, alinéa 2, du Code du travail.

91. « #5èmetrimestre : la grande enquête sur le retour de congé maternité », référence citée.

92. « Les garanties liées à la maternité ou à l'adoption », référence citée.

93. Lucille Quillet, *Le Prix à payer. Ce que le couple hétéro coûte aux femmes*, *op. cit.*

94. Lu sur vdmere.fr, site créé dans le cadre de la campagne « #VieDeMère, avoir une carrière, c'est toute une histoire », lancée par la CGT des ingénieurs, cadres et techniciens en octobre 2016.

95. « Prise en compte de la parentalité dans la vie au travail », référence citée.

96. Lu sur vdmere.fr

97. *Ibid.*

98. *Ibid.*

99. « Grace Ly – épisode crossover *La Reprise* x *Banh Mi podcast* », podcast *La Reprise*, référence citée.

100. Amy Cuddy *et al.*, « When professionals become mothers, warmth doesn't cut the ice », *Journal of Social Issues*, vol. 60, n° 4, 2004.

101. Service-public.fr : « La salariée enceinte, en congé de maternité et après la naissance est protégée contre le

licenciement. Durant le congé de maternité et pendant la période de congés payés pris immédiatement après ce dernier, elle bénéficie d'une protection absolue. Le licenciement est interdit. Avant et après ces congés, elle bénéficie d'une protection relative. L'employeur peut la licencier uniquement pour faute grave ou s'il est dans l'impossibilité de maintenir le contrat de travail. »

102. « Prise en compte de la parentalité dans la vie au travail », référence citée.

103. À ce sujet, écouter l'épisode « La maman de [insérer nom du bébé] » du podcast *Faites des gosses* (19 octobre 2022), qui analyse la manière dont, par ce mot, les femmes sont toujours essentialisées dans leur rôle maternant, y compris dans les sphères adulte et professionnelle.

104. Lu sur vdmere.fr

105. Fiona Schmidt, *Lâchez-nous l'utérus. En finir avec la charge maternelle*, Paris, Hachette, 2020.

106. Orna Donath, *Le Regret d'être mère*, *op. cit.* – en référence aux travaux de Tamar Hager, « Making sense of an untold story: A personal deconstruction of the myth of motherhood », *Qualitative Inquiry*, vol. 17, n° 1, 2010.

107. Défenseur des droits, *Baromètre 2020 de la perception des discriminations dans l'emploi*.

108. « Sexisme ordinaire en milieu tempéré », *Un podcast à soi*, référence citée.

109. « Marie, poussée au burn-out », podcast *La Reprise*, référence citée.

110. « Prise en compte de la parentalité dans la vie au travail », référence citée.

111. Interview de Mathilde Zylberberg dans un article du *Monde* avec l'AFP, « Les femmes enceintes "toujours trop discriminées" dans le monde du travail, dénonce la Défenseure des droits », 7 mars 2022.

112. Guide disponible gratuitement sur le site du Défenseur des droits : defenseurdesdroits.fr, rubrique « Publications ».

Les minorités à l'intersection des violences

113. Fanny Godet, « Dans le secteur privé, l'écart de salaire entre femmes et hommes est d'environ 4 % à temps de travail et à postes comparables en 2021 », *Insee Focus*, n° 292, 7 mars 2022.

114. Dominique Meurs et Pierre Pora, « Égalité professionnelle entre les femmes et les hommes en France : une lente convergence freinée par les maternités », art. cité.

115. Pierre Pora et Lionel Wilner (Insee/Crest), « Les trajectoires professionnelles des femmes les moins bien rémunérées sont les plus affectées par l'arrivée d'un enfant », *Insee Analyses*, n° 48, 10 octobre 2019.

116. Solène Vigoureux *et al.*, « Occupational, social and medical characteristics of early prenatal leave in France », *European Journal of Public Health*, vol. 26, n° 6, 2016.

117. Précisément, il y a deux types de congés pendant la grossesse : le congé pathologique, qui dure 14 jours maximum et est indemnisé à 90 %, et si l'arrêt doit être plus long, quelle qu'en soit la raison, il relève d'un arrêt maladie classique, soumis à une carence de 3 jours (soit une grosse perte de salaire) et indemnisé à 50 % par la Sécurité sociale. Cette indemnité peut être, ensuite, complétée par l'entreprise selon l'ancienneté des employées (donc difficile à obtenir en tant que travailleuse précaire) et la convention collective dont elle relève. Une grossesse à risque, ou liée à des conditions de travail difficiles, peut ainsi devenir un gouffre financier. Source : Magali Regnier, « Tout savoir sur l'arrêt maladie pendant la grossesse », SanteMagazine.fr, 10 décembre 2021.

Cela touche évidemment toutes les femmes enceintes qui doivent, pour des raisons sanitaires, s'arrêter plus tôt que prévu, quelle que soit leur classe sociale.

118. Alexandre Poidatz, « Travailler et être pauvre : les femmes en première ligne », rapport Oxfam France, 17 décembre 2018.

119. 4e baromètre Oui Care sur le travail au noir réalisé du 20 au 28 janvier 2022. Panel de 1 002 interviews représentatives de la population française.

120. Défenseur des droits, *Baromètre 2022 de la perception des discriminations dans l'emploi. Édition consacrée aux services à la personne.*

121. Aurore Desjonquères *et al.*, « Quels sont les métiers des immigrés ? », *Dares Analyses*, n° 36, 2 juillet 2021.

122. Pascale Molinier, « Des féministes et de leurs femmes de ménage : entre réciprocité du *care* et souhait de dépersonnalisation », *Multitudes*, vol. 37-38, n° 2-3, 2009.

123. « Julie, nouvelle ville, nouveau boulot = reprendre à zéro », podcast *La Reprise*, référence citée.

124. *Ibid.*

125. Caroline Ibos, « Les “nounous” africaines et leurs employeurs : une grammaire du mépris social », art. cité.

126. Marianne Modak, « Caroline Ibos : *Qui gardera nos enfants ? Les nounous et les mères* », *Nouvelles Questions féministes*, vol. 31, n° 2, 2012.

127. Les chiffres de ce paragraphe sont issus de la *Revue de littérature sur les assistantes maternelles, Position sociale, conditions de travail et d'emploi et quotidien*, Dossier d'études 197, février 2018.

128. « Entretien avec Fatima Ouassak : La priorité est d'exister politiquement en tant que femmes et mères des quartiers populaires », *Travail, genre et sociétés*, vol. 46, n° 2, 2021.

129. Sociologue, autrice de la thèse *L'Articulation des rapports sociaux de sexe, de classe et de race dans la migration et le travail des femmes haïtiennes*, soutenue en 2015 à Sorbonne-Paris-Cité en cotutelle avec l'université de Lausanne.

130. Rose-Myrlie Joseph au micro de Charlotte Bienaimé : « Qui gardera les enfants ? », *Un podcast à soi*, épisode 5, 7 janvier 2018.

131. Finement documentées dans Caroline Ibos, *Qui gardera nos enfants ? Les nounous et les mères*, Paris, Flammarion, 2012. Voici quelques exemples rapportés dans l'ouvrage de ces petites humiliations quotidiennes : quand la mère demande à l'enfant de confirmer les propos de la nounou : « C'est vrai ce qu'elle dit ? » ; quand les mères du quartier ne saluent que l'enfant et jamais la nounou, qu'elles croisent pourtant tous les jours pendant des mois, voire des années ; quand la nounou, pour déjeuner, doit utiliser des couverts particuliers, et non pas ceux de la famille ; quand elle doit porter une blouse alors que la mère n'en porte pas pour les mêmes tâches, etc.

132. Défenseur des droits, *Baromètre 2022 de la perception des discriminations dans l'emploi. Édition consacrée aux services à la personne.*

133. *Ibid.*

134. Élisabeth Algava, Kilian Bloch et Isabelle Robert-Bobée, « Les familles en 2020 : 25 % de familles monoparentales, 21 % de familles nombreuses », *Insee Focus*, n° 249, 13 septembre 2021.

135. Sur le sujet des mères solos, je conseille l'écoute des excellents podcasts *Hello Solos* et *Le Podcast de la Gazette.*

136. Nathalie Le Bouteillec, Lamia Kandil et Anne Solaz, « L'accueil en crèche en France : quels enfants y ont accès ? », *Population et Sociétés*, n° 514, septembre 2014.

137. Sofiane Zaizoune, « Carrière, enfants, horaires : la vie impossible des mères solos au travail », Madame.Lefigaro.fr, 25 juin 2021.

138. Sylvie Cromer et Adeline Raymond, « Violences dans la sphère professionnelle », *in* Elizabeth Brown, Alice Debauche, Chritelle Hamel et Magali Mazuy (dir.), *Violences et rapports de genre. Enquête sur les violences de genre en France*, Ined, 2020.

139. *Ibid.*

140. Élisabeth Algava, Kilian Bloch et Isabelle Robert-Bobée, « Les familles en 2020 : 25 % de familles monoparentales, 21 % de familles nombreuses », art. cité.

141. Hélène Périvier *et al.*, *Étude sur la situation économique et sociale des parents isolés : niveau de vie, marché du travail et politiques publiques*, rapport OFCE/Sciences Po, 2020.

142. Élisabeth Algava, Kilian Bloch et Isabelle Robert-Bobée, « Les familles en 2020 : 25 % de familles monoparentales, 21 % de familles nombreuses », art. cité.

143. Nathalie Blanpain et Liliane Lincot, « Avoir trois enfants ou plus à la maison », *Insee Première*, n° 1531, 13 janvier 2015.

144. Voire avant, si elles ont dû être arrêtées du fait d'une grossesse à risque.

145. En plus des indemnités forfaitaires, et pour compenser l'extrême faiblesse de celles-ci, les femmes devenues mères peu de temps après la création de leur entreprise peuvent demander à percevoir des indemnités journalières pour maladie et/ou pour maternité au titre de leur ancienne activité salariée. Ça, c'est la théorie. En pratique, il y a beaucoup de témoignages d'erreurs dans le calcul et/ou le versement de ces indemnités complémentaires… et autant de crises de nerfs et de pleurs chez les femmes concernées, dont la fin de grossesse et le post-partum ont été bien pourris par ces couacs.

146. 5 €, c'était le montant journalier minimal des indemnités forfaitaires en 2021 et 2022. Ce montant peut évoluer chaque année, parce qu'il est indexé sur le plafond de la Sécurité sociale, qui est le montant maximal des rémunérations ou gains à prendre en compte pour le calcul de certaines cotisations, dont les cotisations sociales. La valeur du plafond est fixée chaque année par arrêté ministériel, à partir du plafond applicable au cours de l'année antérieure.

Son montant varie notamment en fonction de l'évolution générale des salaires. Source : Urssaf.fr

147. Compte Instagram de @justine_porcelaine, 17 novembre 2021.

148. « Indépendante en 2021 : plus de 40 heures de travail par semaine et 2 à 3 semaines de congé par an », federation-auto-entrepreneur.fr, mis à jour le 14 juin 2022. Le congé maternité et le congé coparent des indépendantes sont parmi les sujets de lutte de plusieurs associations interprofessionnelles dont la Fédération nationale des auto-entrepreneurs, qui milite en faveur d'une réelle prise en compte des besoins et spécificités de la situation des mères indépendantes, avec notamment le vœu d'instaurer un minimum maternité universel pour toutes les femmes qui n'ont pas accès à un congé maternité supérieur au montant du RSA.

149. Julie Landour, « L'indépendance favorise-t-elle l'articulation travail/famille ? », *Connaissance de l'emploi*, n° 147, 30 avril 2019.

150. Écouter le podcast *La Reprise*, épisode 16, « Oriane, sa revanche sur le harcèlement ». Sur le tabou du deuil périnatal, voir également les comptes Instagram @a_nos_etoiles et @aurevoirpodcast (du podcast éponyme).

151. Pauline Delage et Marylène Lieber, « L'enquête VIRAGE (VIolences et RApports de GEnre). Entretien avec Elizabeth Brown, Alice Debauche, Magali Mazuy », *Cahiers du genre*, vol. 66, n° 1, 2019.

152. Sylvie Cromer et Adeline Raymond, « Violences dans la sphère professionnelle », art. cité.

153. Yiqing Qi, « Féminicides. Ce que l'on sait du profil des victimes et de leurs agresseurs », Ouest-France.fr, 7 mai 2021.

154. Elizabeth Brown, Alice Debauche, Christelle Hamel et Magali Mazuy (dir.), *Violences et rapports de genre. Enquête sur les violences de genre en France*, *op. cit.*

155. *Ibid.*

156. Campagne du Haut Conseil à l'égalité à voir et à entendre sur le site Onsaitcommentcasetermine.fr. Texte original de Carole Fives.

157. Elizabeth Brown, Alice Debauche, Christelle Hamel et Magali Mazuy (dir.), *Violences et rapports de genre. Enquête sur les violences de genre en France*, *op. cit.*

De l'espoir pour demain ?

158. Créé sur Instagram par Illana Weizman, Ayla Saura, Masha Sexplique (pseudonyme) et Morgane Koresh.

159. Romain Bendavid, Flora Baumlin, Sabeiha Bouchakour et Enora Lanoë-Danel, *Le Rapport au travail post-covid. Télétravail, management, reconnaissance, santé… : les nouvelles tendances*, Jean-Jaures.org, 22 février 2023.

160. Alice Tétaz et Federico Vacas, « Observatoire des rythmes de travail : un intérêt croissant des salariés français pour le télétravail… partiel », Ipsos/*Welcome to the Jungle*, 10 février 2021.

161. « 1 an après la crise, comment les Français aspirent-ils à travailler ? », *Baromètre des préférences salariés*, Jones Lang LaSalle, 2021.

162. Lisa Curtis, « Why The Big Quit Is Happening And Why Every Boss Should Embrace It », *Forbes*. 30 juin 2021.

163. Flora Baumlin et Romain Bendavid, *« Je t'aime, moi non plus » : les ambivalences du nouveau rapport au travail*, Jean-Jaures.org, 23 janvier 2023.

164. Le #QuietQuitting américain serait lui-même inspiré du #TangPing, qui signifie « rester allongé », apparu sur les réseaux sociaux chinois en avril 2021 pour appeler à résister aux pressions à la surproductivité par la mise en place d'une stratégie du minimum nécessaire. Source :

« Quiet quitting : quelle est l'ampleur de ce phénomène ? », LesEchos.fr, 24 janvier 2023.

165. Romain Bendavid, Flora Baumlin, Sabeiha Bouchakour et Enora Lanoë-Danel, *Le Rapport au travail post-covid. Télétravail, management, reconnaissance, santé… : les nouvelles tendances*, *op. cit.*

166. Enquête Ifop pour Solutions solidaires, réalisée du 20 au 21 septembre 2022 auprès d'un échantillon représentatif de 1 011 Français âgés de 18 ans et plus

167. Alexandre Devecchio et Martin Bernier, « Alain Supiot : "Des urnes au travail, nous assistons à la sécession des gens ordinaires" », LeFigaro.fr, 22 juillet 2022.

168. Maëlezig Bigi, « "Quiet quitting" : au-delà du buzz, ce que révèlent les "démissions silencieuses" », Theconversation.com, 17 octobre 2022.

169. *Ibid.*

170. Léa Villalba, « Le *quiet quitting* : un phénomène qui fait jaser », CarrefourRH.org, 19 octobre 2022.

171. Sylvie Pierre-Brossolette, *Égalité, stéréotypes, discriminations entre les femmes et les hommes : perceptions et vécus chez les jeunes générations en 2022*, rapport du HCE, Haut-Conseil-Egalite.gouv.fr.

172. *Ibid.*

173. Voir notamment Hélène Rossi, « "Les mères de jeunes enfants, premières victimes du confinement économique", selon le FMI », Ideal-investisseur.fr, 3 mai 2021 ; Sandra Hoibian *et al.* (Crédoc), « La crise sanitaire provoque un retour à des rôles genrés traditionnels », *Consommation et Modes de vie*, n° 316, mai 2021.

174. Valérie Albouy et Stéphane Legleye, « Conditions de vie pendant le confinement : des écarts selon le niveau de vie et la catégorie socioprofessionnelle », *Insee Focus*, n° 197, 19 juin 2020.

175. Enquête réalisée dans le cadre de la bourse de la Ville de Paris pour les études de genre lors d'un séjour post-

doctoral au Cermes3. Le sujet de la recherche était le vécu du post-partum à Paris et Mexico. Les résultats présentés en avant-première sur son compte Instagram @mouniaelkotni portent sur la France. La publication finale est prévue pour début 2024. Questionnaire ouvert du 21 avril au 25 mai 2022 sur le site Framaforms. Statistiques réalisées à partir de 53 expériences d'accouchement (49 participantes), sur la période 2019-2021. 100 % des personnes s'identifiaient comme femmes.

176. Sachant que la dernière enquête « Emploi du temps » de l'Insee, celle qui décompte précisément les différents temps – temps passé au travail, temps dévolu au travail domestique, temps consacré aux loisirs – de la vie quotidienne des Français, remonte à 2010.

177. Delphine Roy, « Le travail domestique : 60 milliards d'heures en 2010 », art. cité.

178. « Couples – Familles – Ménages en 2019 », Insee, base de données, 27 juin 2022.

179. Résultats présentés dans le post du 16 mars 2023 du compte instagram @mouniaelkotni. Référence de l'enquête citée.

180. Sylvie Pierre-Brossolette, *Égalité, stéréotypes, discriminations entre les femmes et les hommes : perceptions et vécus chez les jeunes générations en 2022*, Rapport du HCE, *op. cit.*

181. Thomas Couppié et Dominique Épiphane, « Emploi, enfant et aspirateur : quelles évolutions chez les jeunes couples depuis 2005 ? », référence citée.

182. « Tâches domestiques : l'égalité progresse dans les jeunes couples », ObservationSociete.fr, 26 avril 2021.

183. « Enquête emploi du temps 2025 (en cours de labellisation) », CNIS.fr

184. Sylvie Pierre-Brossolette, *Égalité, stéréotypes, discriminations entre les femmes et les hommes : perceptions et vécus chez les jeunes générations en 2022*, *op. cit.*

185. « Rapport 2023 sur l'état du sexisme en France : le sexisme perdure et ses manifestations les plus violentes s'aggravent », Haut-Conseil-Egalite.gouv.fr., 23 janvier 2023.

186. Warda Khemilat, « #MeToo et #Balancetonporc : les réseaux sociaux comme levier des mobilisations féministes », hal.univ-cotedazur.fr, 2019.

187. Voir aussi les comptes, certains plus « confidentiels » mais tout aussi précieux, de @maman_mais_pourquoi (sur les normes, croyances, injonctions et représentations de la parentalité), @laculpabilitematernelle (sur les difficultés et questionnements maternels), @la_gazette_de_silvie (qui se présente comme « mère isolée, précaire, grosse, féministe »), @mum.to.be.alive et @droitsdeparents (qui partagent notamment des contenus de vulgarisation juridique), @monpostpartum du podcast éponyme, @milf_media du média materféministe, @matergouinite (sur les maternités lesbiennes et queers), @jeneveuxpasdenfant (sur le non-désir d'enfant), @tantquejeserainoire (sur les questions de parentalité et de justice reproductive chez les personnes noires), @mespresquesriens (sur la grossesse arrêtée et le corps notamment)… Ainsi que les comptes généralistes féministes, comme @fondationdesfemmes, @decolonisonslefeminisme, @préparezvouspourlabagarre, @olympereve, @maedusa_gorgon, etc.

188. Dans son livre *Tu seras une mère féministe ! (op. cit.)*, Aurélia Blanc revient en détail sur la place (ou la non-place) de la maternité dans l'histoire du féminisme. Lors d'une interview pour le magazine *Causette*, elle résume ainsi l'origine de cet impensé : « À la fin des années 1960, avec la deuxième vague, la question de la maternité était présente, mais avec l'idée de s'en libérer. Les luttes concernaient le droit à la contraception, l'accès à l'avortement ou le refus de l'exploitation domestique. La "maternité esclave" faisait figure de repoussoir et est toujours restée au second plan… et les mères aussi. » Source : Tiphaine Thuillier, « Aurélia

Blanc : “La maternité est un puissant catalyseur féministe” », Causette.fr, 24 septembre 2022.

189. Beaucoup d’autrices ont déjà été citées dans ces pages. Parmi les podcasteuses, citons Charlotte Bienaimé *(Un podcast à soi)*, Sarah Demir *(Mon post partum)*, Marine Revol *(Faites des gosses)*, Camille Regache *(Camille)*, Victoire Tuaillon *(Les Couilles sur la table)* mais aussi Ovidie, réalisatrice de documentaires et de podcasts, et tant d’autres. En ce qui concerne les associations militantes, citons notamment Parents et féministes, le PA.F (collectif pour une PArentalité Féministe), Maydée, le Sel dans le café, le collectif Femmes et Travail, le Collectif Famille·s (sur l’inclusion des familles LGBTQIA+), Make Mothers Matter, le Parental Challenge, le Collectif des mères isolées…

190. bell hooks, *De la marge au centre*, Paris, Cambourakis, 1984.

191. Expression consacrée par Fabienne Lacoude, journaliste, créatrice de MILF, le premier média féministe uniquement dédié à la maternité, et autrice de *Daronne et féministe*, *op. cit.*

192. Ce terme, littéralement « espace sûr », aussi appelé « zone neutre », désigne un espace dans lequel des personnes victimes de marginalisation et/ou de discrimination peuvent se réunir et trouver une oreille attentive, sans risque d’être confrontées aux réactions négatives généralement dominantes à leur sujet.

193. Qualisocial x Ipsos, *Baromètre du harcèlement au travail*, septembre 2022.

194. « Âge moyen de la mère à l’accouchement. Données annuelles de 1994 à 2022 », Insee, chiffres-clés, 17 janvier 2023.

195. « Prise en compte de la parentalité dans la vie au travail », référence citée.

196. Élise Fabing est avocate des salarié·e·s. Parmi les ressources et les contenus gratuits proposés par Élise Fabing,

citons : le podcast Vos droits au travail, Better Call Elise (vidéos LinkedIn), les publications sur son propre compte Instagram, de nombreux éclairages sur le site Welcometo-theJungle.com. Au-delà de ces contenus, elle est aussi l'autrice du livre *Manuel contre le harcèlement au travail*, Paris, Hachette, 2021.

197. « Élise Fabing, avocate "en croisade", spécialiste en droit du travail », podcast *La Reprise*, référence citée.

198. « Adecco Analytics présente ses prévisions de recrutement et de métiers en tension pour fin 2022-début 2023 », Groupe-Adecco.fr, 27 septembre 2022.

199. 82 % de femmes parmi les employé·e·s de l'hôtellerie et 59 % parmi les aides de cuisine. Source : « Être une femme dans le secteur de l'hôtellerie-restauration », Brigad.co, 3 mars 2022.

200. 87,7 % de femmes infirmières et de sages-femmes et 97,7 % de femmes aides à domicile. Source : « La surreprésentation des femmes dans le secteur médical », Carriere-Medicale.com, 22 novembre 2016.

201. 71 % de femmes dans les métiers de l'entretien des locaux, de services hospitaliers et de traitement des déchets. Source : données Dares, « Portraits statistiques des métiers », Dares.travail-emploi.gouv.fr

202. Nicolas Maviel, « Restauration, logistique… Ces 10 métiers recrutent à tour de bras », LeParisien.fr, 26 septembre 2022.

203. « Représentation équilibrée F/H dans les postes de direction des grandes entreprises », Travail-Emploi.gouv.fr

204. « Parité en entreprise : pour de nouvelles avancées, dix ans après la loi Copé-Zimmermann », Senat.fr

205. ParentalChallenge.com

206. Ce qui veut dire que l'employé·e est allégée des formalités administratives pendant son congé : la part de Sécurité sociale est prise en charge par l'employeur, qui la récupère ensuite de son côté. Ce n'est pas du tout obligatoire,

or cela change radicalement le cours d'un congé, qui peut, sans subrogation, se muer en stress bureaucratique permanent (lequel s'ajoute au stress de ne pas obtenir de mode de garde).

207. Judith Aquien, *Trois mois sous silence. Le tabou de la tradition des femmes en début de grossesse*, *op. cit.*

208. Dossier de presse de la cérémonie de signature de la nouvelle charte de la parentalité en entreprise, Observatoire de la qualité de vie au travail, 6 décembre 2022.

« Résister, c'est exister » : faisons entendre la voix des mères !

209. « Luc Kirkyacharian, avocat "philosophe", spécialiste en droit du travail », podcast *La Reprise*, référence citée.

210. « Élise Fabing, avocate "en croisade", spécialiste en droit du travail », podcast *La Reprise*, référence citée.

211. Phrase issue d'un entretien mené avec Luc Kirkyacharian pour ce livre.

212. Dans le cas des familles monoparentales ou des familles où le coparent ne peut absolument pas être présent (pour raison professionnelle ou sanitaire, par exemple), la réforme pourrait donner la possibilité d'élargir le congé coparent à un·e proche de confiance, selon les mêmes conditions juridiques et financières, pour assurer un vrai soutien au parent isolé sans pénaliser financièrement ce proche. C'est une proposition notamment défendue par Violaine Dutrop dans son livre *Maternité, Paternité, Parité (op. cit.).*

213. Violaine Dutrop propose ainsi, dans son livre *Maternité, Paternité, Parité (op. cit.)*, un projet de réforme clés en main du congé coparent, avec même des simulations budgétaires associées.

214. Pauline Grosjean, *Patriarcapitalisme. En finir avec les inégalités femmes/hommes*, *op. cit.*

215. « Réforme des retraites : pour les femmes, des mesures à double tranchant », LeMonde.fr avec AFP, 24 janvier 2023 ; Mathilde Guergoat-Larivière, « La majorité des économies visées par cette réforme des retraites vont peser sur les femmes », La-Croix.com, 30 janvier 2023.

216. Aurélia Blanc, dans le dernier chapitre « Debout les mères » de son livre *Tu seras une mère féministe ! (op. cit.)*, fait un rappel historique essentiel sur la politisation des mères, car leurs combats doivent faire partie de notre matrimoine et de la mémoire féministe des luttes.

217. Le Front de mères est le premier syndicat de parents des quartiers populaires, avec un projet écologiste, féministe et antiraciste qui s'inscrit dans une démarche d'éducation populaire pour lutter contre les violences, les discriminations et les injustices que subissent les enfants. Il a été cofondé par Fatima Ouassak en 2016 pour « réhabiliter les parents des quartiers populaires, souvent méprisés par les pouvoirs publics et les médias dominants qui les considèrent comme démissionnaires, obscurantistes et maltraitants », et redonner de la légitimité aux luttes des mères de ces quartiers. Source : Front2meres.org/Maud Charpentier, « Front de mères, le syndicat des mères des quartiers populaires qui lutte contre les inégalités scolaires », 50-50magazine.fr, 25 février 2021.

218. Pregnant Then Screwed (littéralement, « Enceinte puis niquée »… triste réalité !) est un mouvement et une ONG qui milite pour que la parentalité soit mieux considérée et soutenue au travail. Son ambition : mettre fin à la pénalité maternelle. En plus de mener des campagnes et des rassemblements de plaidoyer et de revendications, l'ONG offre aussi des ressources, une hotline téléphonique et un réseau d'entraide aux (futures) mères victimes de discrimination au travail. Initialement ancré au Royaume-Uni, son périmètre d'action tend à s'élargir à l'international. L'ONG a été lancée en 2015 par Joeli Brearley, elle-même

victime de discrimation à l'annonce de sa grossesse et autrice également de *The Motherhood. Penalty How to stop motherhood being the kiss of death for your career*, Londres, Simon & Schuster, 2021.

219. Concept en sciences de l'information et de la communication pour désigner l'ensemble des mobilisations militantes qui ont lieu dans l'espace numérique (sur les réseaux sociaux, par le biais de pétitions en ligne, etc.), et théorisé en premier lieu dans Romain Badouard, « Les mobilisations de clavier. Le lien hypertexte comme ressource des actions collectives en ligne », *Réseaux*, vol. 31, n° 181, 2013.

220. Fanny Gallot, « Grève féministe : éléments pour une généalogie », Contretemps.eu, 3 mars 2022.

221. Nour Awada et Emilie McDermott, les créatrices du projet, elles-mêmes artistes et mères, m'ont expliqué leur démarche dans « [Re]Production Project, l'impact de la maternité dans la carrière des femmes artistes », podcast *La Reprise*, épisode 24, 31 mars 2022. Leur actualité est à suivre sur le compte instagram @re_production_project

REMERCIEMENTS

Écrire des remerciements est très intimidant. J'ai l'impression d'être à une cérémonie des César, où le trac le dispute à l'émotion. L'émotion de repenser à toutes les bonnes ondes qui m'ont été transmises tout au long de l'écriture de cet essai. Le trac de n'oublier personne.

Alors un immense merci...

À toutes les femmes formidables qui se sont confiées à moi, dont certaines pour la première fois sur leur reprise, avec une pensée particulière pour celles qui ont osé le faire à mon micro.

À toutes et tous les expert·e·s qui m'ont partagé leur regard et leurs convictions sur cette période si particulière.

Parents comme professionnel·le·s, vous avez toutes et tous, chacun·e à votre manière, contribué à ma réflexion sur les enjeux de la reprise, autant qu'à mon cheminement personnel et professionnel.

À Laure-Hélène Accaoui, éditrice hors-pair, qui a immédiatement saisi l'importance du sujet, et m'a accompagnée avec autant de bienveillance que de finesse, même dans les moments les plus stressants (merci pour ta patience !).

À Judith Aquien, pour ses relectures et suggestions si précieuses, tout autant que pour son soutien chaleureux au podcast depuis ses débuts, et pour son militantisme si inspirant.

À Claire Morel-Fatio pour cette couverture si percutante, et à toutes les personnes chez Payot qui ont contribué à la naissance, fabrication, distribution et promotion de ce livre.

À mes ami·e·s, qui m'ont tant encouragée, du début du podcast jusqu'au lancement de ce livre, et qui sont peut-être encore plus fièr·e·s que je ne le suis moi-même.

À mes adelphes podcasteu·r·se·s et instagrameu·r·se·s qui ont permis de libérer la parole sur la maternité et la parentalité au sens large, comme sur la parentalité au travail.

À toutes les personnes qui contribuent à faire évoluer les représentations des mères et des femmes, dans toutes leurs diversités, comme celles qui militent sans relâche pour leurs droits.

À tou·s·tes les chercheu·r·se·s et expert·e·s qui explorent ces sujets en profondeur, et nous permettent d'identifier les leviers à activer dans la lutte contre les inégalités.

À mes frères, mes belles-sœurs, et aux jeunes générations en général, qui me donnent foi en l'avenir et laissent entrevoir un futur plus égalitaire, auquel mes fils pourront aussi contribuer (auront-ils vraiment le choix avec une telle mère ?).

À mes parents, qui m'ont transmis ces valeurs essentielles que sont l'égalité, la justice et l'empathie. Une douce pensée pour ma mère, dont les reprises n'ont pas été simples.

À mon compagnon, qui nous a supportés, moi et ma colère grandissante au fil de mes prises de conscience, du podcast à ce livre. Une colère désormais couchée sur papier. Merci d'avoir pris le relais pour que je puisse aller au bout de mes projets.

À mes fils adorés : ce livre est aussi pour vous, pour que vous puissiez plus tard vous investir comme vous le souhaitez dans un monde du travail plus sain et une parentalité plus équilibrée, loin des carcans des stéréotypes et préjugés de genre.

TABLE

SECONDE PARTIE

Les difficultés systémiques de la reprise

pca
cmb
édition pré-presse
livres numériques

44400 Rezé

IMPRIM'VERT®

Achevé d'imprimer en avril 2023 par Corlet Imprimeur - 14110 Condé-en-Normandie
Dépôt légal : avril 2023 - N° d'imprimeur : 23030777 - Imprimé en France